新编21世纪高等职业教育精品教材
公共基础课系列

应用文写作

主　编　赵　刘　殷丽萍　胡　菊
副主编　舒　馨　包　翼　张　欢　黄玲娜

中国人民大学出版社
·北京·

图书在版编目（CIP）数据

应用文写作 / 赵刘，殷丽萍，胡菊主编．-- 北京：中国人民大学出版社，2025.8. --（新编 21 世纪高等职业教育精品教材）. -- ISBN 978-7-300-34131-6

Ⅰ. H152.3

中国国家版本馆 CIP 数据核字第 2025516NC1 号

新编 21 世纪高等职业教育精品教材 · 公共基础课系列

应用文写作

主　编　赵　刘　殷丽萍　胡　菊

副主编　舒　馨　包　翼　张　欢　黄玲娜

Yingyongwen Xiezuo

出版发行	中国人民大学出版社		
社　　址	北京中关村大街 31 号	**邮政编码**	100080
电　　话	010 - 62511242（总编室）		010 - 62511770（质管部）
	010 - 82501766（邮购部）		010 - 62514148（门市部）
	010 - 62511173（发行公司）		010 - 62515275（盗版举报）
网　　址	http://www.crup.com.cn		
经　　销	新华书店		
印　　刷	北京宏伟双华印刷有限公司		
开　　本	787 mm×1092 mm　1/16	**版　　次**	2025 年 8 月第 1 版
印　　张	13.5	**印　　次**	2025 年 8 月第 1 次印刷
字　　数	320 000	**定　　价**	40.00 元

前言

PREFACE

党的二十大报告对加快建设教育强国、科技强国、人才强国作了一系列部署。教材既是落实立德树人根本任务的关键要素，也是教育高质量发展的核心依托。2023年5月29日，习近平总书记在主持中共中央政治局第五次集体学习时的重要讲话中强调："加强教材建设和管理，牢牢把握正确政治方向和价值导向，用心打造培根铸魂、启智增慧的精品教材。"2025年1月，中共中央、国务院印发的《教育强国建设规划纲要（2024—2035年）》提出："打造培根铸魂、启智增慧的高质量教材。"具体要求：开发一批基础教育科学教材，打造一批职业教育优质教材，建设一批本科和研究生一流核心教材，遴选引进一批理工农医学科前沿优质教材。这些关于教材建设的高起点布局，推进教材建设的高质量发展。

本教材的编写也紧密围绕"培根铸魂、启智增慧"的理念，从内容选取到教学方法设计，全方位地融入这一理念，以期培养具有深厚素养和创新能力的人才，具体体现在以下几个方面：

1. 贴合时代需求，融入素养元素。本教材精选应用文种，深度融入素养元素，将社会主义核心价值观、传统文化、职业道德等内容巧妙融入写作范例中，既培养学生的写作能力，又在字里行间强化他们的社会责任感与价值认同，实现知识传授与价值引领的有机统一。

2. 项目化设计，突出实用性、适用性。本教材在编写过程中突出项目化教材特色，通过设计真实学习和职场情境，让学生在完成项目的过程中，能够体验到职场中的工作流程、团队协作和沟通方式等。例如，学生要遵循商务礼仪，运用恰当的商务谈判技巧，这有助于培养学生的职业素养和职业意识，为其未来职业发展奠定基础。

3. 注重案例分析，提高写作技能。本教材通过对典型案例的深度剖析，引导学生思考如何运用逻辑思维、数据分析等方法解决实际写作中的问题，做到启智增慧，使学生在学习通用写作技巧的基础上，能够满足未来职业岗位的特定写作需求，逐步培养良好的职业素养。

4. 强化实践导向，提升应用能力。本教材加大了实践练习的篇幅，设计了多样化的实践任务。实践练习的题目都具有真实性和复杂性，贴近学生未来的工作场景。学生在解决实际问题的过程中，既锻炼了创新思维和应变能力，又能启智增慧，提升了解决问题的能力。

本教材内容丰富，概括介绍了应用文写作的基础知识，涉及日常文书、行政文书、事务文书、礼仪文书、商务文书、职业文书、科技文书 7 大类 35 种应用文种。本教材包含学习情境、知识点、作业等栏目，层次分明、结构清晰。全体编委分工合作，具体编写分工如下：绪论由赵刘（无锡师范高等专科学校）执笔；项目一日常文书由殷丽萍（无锡师范高等专科学校）执笔；项目二行政文书由胡菊（无锡师范高等专科学校）执笔；项目三事务文书由张欢（宿迁幼儿师范高等专科学校）执笔；项目四礼仪文书由舒馨（无锡师范高等专科学校）和张欢执笔；项目五商务文书由包翼（无锡师范高等专科学校）执笔；项目六职业文书由殷丽萍执笔；项目七科技文书由张欢、舒馨执笔。最后，由殷丽萍、黄玲娜统稿、审定。

由于编者编写水平有限，本教材有疏漏之处在所难免，敬请读者、同人批评指正。

编者

目录

CONTENTS

绪 论

内容提要

绪论介绍了应用文的概念、产生和发展、特点和作用，阐述了学习应用文写作的要求和方法，以及应用文写作基础知识。

思维导图

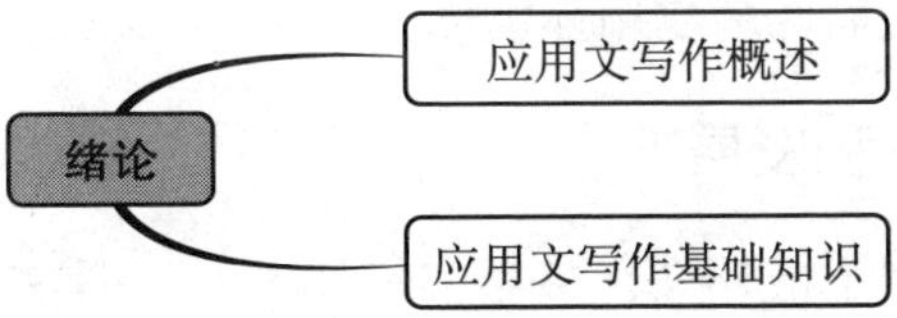

学习目标

- **素质目标：**

1. 认识应用文写作能力的重要性，培养学习应用文写作的兴趣和信心；
2. 能够准确使用国家通用语言文字，提高语言运用能力，应对职场需要，建立文化自信。

- **知识目标：**

1. 了解应用文的基本理论知识；
2. 掌握应用文的主旨、材料、结构等基础知识。

- **技能目标：**

1. 熟悉应用文的写作知识，能够辨析应用文写作中的不足；
2. 能够准确使用国家通用语言文字，提高应用文写作能力。

绪论导入

党的二十大指出，加大国家通用语言文字推广力度。《中共中央关于党的百年奋斗重大成就和历史经验的决议》指出，“全面推行国家通用语言文字教育教学”。《教育部 国家语委关于加强高等学校服务国家通用语言文字高质量推广普及的若干意见》强调，提高大学生语言文字应用能力，强调将学生具有“一种能力两种意识”（语言文字应用能力、自觉规范使用国家通用语言文字的意识和自觉传承弘扬中华优秀语言文化的意识）纳入人才培养方案，明确学生语言文字应用能力及标准并纳入毕业要求，支持高校开设大学语文、应用文写作、口语表达、经典诵读等语言文化相关课程。

第一节　应用文写作概述

应用文在现代社会中有着极为广泛的应用。现代社会是一个有机的统一体，也是一个涉及社会诸多关系的网络系统。要使这个网络系统正常地运转，必须沟通信息、协调关系。这些都需要依靠应用文体来实现。因而，具备良好的应用文写作能力，对于职业教育学生就业及学生职业发展而言，具有不可忽视的意义。

一、应用文的概念和种类

（一）应用文的概念

应用文是国家行政机关、企事业单位、社会团体及个人处理公务、日常事务和传播信息时使用的格式规范、行文简约的实用性文体。

（二）应用文的产生和发展

微课视频

关于应用文的三个“最”

自文字产生以来，就有了应用文。最早的应用文是甲骨文“卜辞”；最早提出“应用文”概念的是清代学者刘熙载。他在《艺概》里说：“辞命体，推之即可为一切应用之文。应用文有上行、有平行、有下行，重其辞乃所以重其实也。”

早期的应用文种类不多。例如，殷商时有诰、誓、命、辞，西周时有诰、誓、命、会计文书、盟约文书和奴籍文书，春秋战国时期有辞令、上书、檄文、盟书，秦汉时期有章、表、奏、议、制、诏、策、戒，隋唐时期有册、制、敕，宋代时期有圣旨、令旨等，明清时期有题、奏、启、揭帖、表、书状、文册、笺等。中华人民共和国成立后，中央人民政府政务院于1951年9月发布了《公文处理暂行办法》。它全面、详细、具体地规定了公文种类、体式和行文关系。1987年，国务院办公厅公布了《国家行政机关公文处理办法》，2000年做了修订，规定国家行政机关的公文为13种。2012年中共中央办公厅和国务院办公厅联合下发了《党政机关公文处理工作条例》（中办发〔2012〕14号），规定党政机关公文为15种：决议、决定、命令（令）、公报、公告、通告、意见、通知、通报、报告、请示、批复、议案、函、纪要。

（三）应用文的种类

应用文广泛运用于各种不同的社会交际领域。根据写作的目的、性质、特点、使用范围、格式的不同，可以分为以下几类，如表1-1所示。

表 1-1 应用文的种类

应用文的种类	概念	相应文种
日常文书	单位和个人在日常生活中所使用的各种文书。	启事、申请书等
事务文书	国家机关、社会团体、企事业单位处理内、外部事务时使用的文书	计划、总结、调查报告、活动策划书、简报等
行政文书	国家机关、社会团体、企事业单位处理公务时使用的文书	通知、通报、报告、请示、函、纪要等
宣传文书	起宣传、介绍、报道作用的文书	新闻、消息、通讯、演讲稿、解说词等
礼仪文书	带有礼仪色彩的文书	请柬、贺词、开幕词、欢迎词等
商务文书	企事业单位处理各类商务事务时使用的文书	意向书、合同、协议书、招标书、投标书、商务信函等
法律文书	司法行政机关及当事人、律师等在解决诉讼和非诉讼案件时使用的文书	民事诉讼状、刑事自诉状、上诉状等
科技文书	记录各项管理经验及总结各种科学研究成果的文书	实习报告、毕业论文、毕业设计等

二、应用文的特点和作用

（一）应用文的特点

应用文具有明确的目的、对象、使用范围及特定的格式和简洁平实的语言文体，有着与其他文体不同的应用性，概括起来有以下几个特点：

1. 实用性

应用文的写作目的十分明确，是作者为办理公务、处理事务、交流信息及解决工作、学习和生活中的实际问题而写的。

2. 真实性

应用文内容要符合客观实际、真实可靠、准确无误。例如，调查报告要实事求是；经济合同要求精确无误，避免引起经济纠纷。

3. 规范性

应用文有比较规范的文本格式，通常分为两种：一种是由权力机关规定的格式，如通告、报告、决议等；另一种是在长期的使用过程中形成的约定俗成的格式，如计划、调查报告、总结等。

4. 简明性

应用文的简明性是指内容表达简明，主旨单一、观点鲜明、材料典型；语言使用简明，所用语言文字准确简洁、平易朴实。

5. 时效性

应用文写作是为解决现实中存在的问题，一般是要求在特定时间内处理特定的问题，因此时效性很强，如新闻稿需要及时报道，尽可能在事件发生后的第一时间发布。

（二）应用文的作用

应用文的作用多种多样，主要涵盖以下几个方面。

1. 传达信息、表达思想

应用文的主要目的之一是传达信息，包括事实、观点、意见等。无论是报告、通知、通告、备忘录等，都是用来传达重要信息的工具。这些信息对于接收者来说，可能是必要的、紧急的或具有指导意义的。应用文还可以用来表达作者的思想、观点、感情等。虽然一些传统的文学作品如诗歌、散文、小说等也具备这一功能，但应用文在表达上更注重实用性和针对性。例如，评论类应用文是通过文字来传达作者对于某一事件或现象的看法和态度的。

2. 指导行动、协调工作

应用文还具有指导行动、协调工作的作用。如合同、协议、命令、指示等，这些文本明确规定了各方的权利和义务，以及行动的具体步骤和要求，对于保障工作、生活和学习的正常进行具有重要意义。

3. 宣传教育

应用文还是党和国家宣传路线、方针、政策及法规、意见的重要工具。这些具有宣传教育作用的应用文能帮助人们认清形势，使干部、群众统一思想，提高认识。例如，法规性文件对人们的行为起着规范的作用。

4. 交流沟通

应用文是保持联系、加强交流和沟通的重要手段。通过应用文的传递和反馈，人们可以及时了解情况、交流意见、解决问题，推动各项工作的顺利开展。

5. 作为凭证档案

人们参与某项事务、承担某项责任时，应用文能发挥凭证的作用。有的应用文具有法律效力或行政效力，可以作为证明事实、维护权益的重要依据。同时，应用文也是档案的重要组成部分，对于人们记录事件、总结经验、指导未来具有重要意义。

三、学习应用文写作的要求和方法

（一）学好应用文写作的基本理论

应用文写作的理论对应用文写作实践有具体的指导作用。学习掌握应用文文体的基本特点和写作规范，有助于我们在写作时选择合适的文体和表达方式；遵循应用文写作的基本原则，如目的明确、内容真实、结构清晰、语言简洁等，我们就可以确保应用文的质量。

（二）学习经典范文并掌握写作规律

应用文写作的学习需要经历模仿、熟悉、写作三个阶段。通过研读经典的应用文范文，分析范文的结构、语言、逻辑和表达方式等方面的特点，并尝试在写作中加以运用，经过不断地练习和反思，我们可以逐渐掌握技巧，并在写作中灵活运用。应用文写作往往涉及社会、经济、文化等多个领域的知识，我们要关注时事和社会热点，了解最新的信息和动态，为写作寻找丰富的素材和灵感。

（三）调查研究，求“实”求“准”

只有善于调查研究，我们才能收集大量的信息，掌握第一手材料，才能为写作内容的“实”、表达的“准”奠定基础。情况真实可靠、材料准确无误、语言表达精准、叙事简明完备，这些是写好应用文的必备因素。

作 业

1. 最早的应用文是__________。

2. “应用文”概念最早是清代学者刘熙载在其所作的《__________》里提出的。

3. 2012 年，中共中央办公厅和国务院办公厅联合下发了《党政机关公文处理工作条例》，规定党政机关公文为______种。

4. 应用文的特点有哪些？

第二节 应用文写作基础知识

一、应用文主旨

应用文的主旨是作者（或个人，或单位）通过全篇内容表达出来的贯穿全文的写作意图、观点和公务活动的行为意向。在应用文写作中，主旨具有极其重要的地位。它决定了文章的内容、结构和语言风格，是文章的“灵魂”和“统帅”。

（一）应用文主旨的特点

1. 正确性

正确把握主旨是对应用文写作的基本要求。应用文的主旨既要符合党的方针、政策和法律法规，又要符合客观实际，表达正确的意图和主张。

2. 明确性

应用文的主旨必须明确，让读者一目了然。这要求作者在写作前就要有清晰的思路，表达明确，避免含糊其词。

3. 单一性

一篇应用文通常只围绕一个中心思想或主题进行阐述，即主旨应单一，不能出现多个主旨相互冲突或并列的情况。

4. 针对性

应用文的主旨往往具有明确的针对性，即针对某一具体事务、问题或对象进行阐述和说明，以达到特定的目的和效果。

5. 深刻性

应用文的主旨要能够揭示事物本质，反映事物内部规律。

（二）应用文主旨的构成

应用文的主旨通常由以下三个部分构成。

1. 行文目的

明确表明作者的写作意图，如申请、请求、建议、汇报、总结等，这是应用文主旨的出发点和归宿。

2. 主要内容

概述所要阐述的主要问题、事项或观点，这既是应用文主旨的核心部分，也是读者最为关注的内容之一。

3. 结果期望

表明作者希望达到的目的或效果，如希望获得批准、希望得到回应、希望问题得到解决等，这既是应用文主旨的落脚点，也是衡量应用文写作质量的重要标准。

（三）应用文主旨的表现形式

应用文主旨的表现形式多种多样，但通常采用直接表现的形式，主要有以下四种形式。

（1）标题显意：通过标题直接点明文章的主旨或中心思想。

（2）开宗明义：在文章的开头部分明确阐述文章的主旨或写作目的。

（3）文中点意：在文章的中间部分适时点明主旨或强调主要观点。

（4）篇末结意：在文章的结尾部分对主旨进行总结或升华，以加深读者的印象和理解。

二、应用文材料

（一）材料的含义

应用文的材料，是构成应用文写作内容的基本要素之一，支撑着文章的主题和观点。这些材料来源于现实生活，经过作者的收集、整理、加工和提炼后，被巧妙地运用到文章中，以阐述观点、说明问题或传达信息。

（二）材料的种类

（1）事实材料：应用文中最常见也最重要的材料。它包括客观存在的事物、现象、事件及其发生的时间、地点、过程、结果等。事实材料具有真实性和客观性，是支撑文章观点和论证的基础。

（2）理论材料：与事实材料相对应，主要包括科学原理、定律、公式、学说、政策、法律法规等。它们作为理论依据，使文章的论述更加深入和全面。

（3）数据材料：应用文中不可或缺的一部分。它以数字或统计图表的形式呈现，能够直观地反映事物的数量、比例、变化等特征。数据材料具有准确性和说服力，能够增强文章的可信度和权威性。

（4）典型材料：具有代表性、能够集中反映事物本质和规律的材料。它们可以是人、物、事件或现象的典型代表。通过分析和阐述典型材料，可以更好地揭示事物的内在规律和特点。

（三）材料的收集与整理

在应用文写作过程中，材料的收集与整理是至关重要的环节。作者需要通过多种途径（如调查、观察、阅读等）广泛收集相关材料，并进行去伪存真、去粗取精的加工整理工作；同时，还需要根据文章的主题和需要，对材料进行合理的分类和编排，以确保应用文条理清晰、逻辑严密。

（四）材料的使用原则

（1）真实性原则：材料必须真实可靠，不能虚构或夸大其词。只有真实的材料才能赢得读者的信任和尊重。

（2）针对性原则：材料的选择和使用必须紧扣文章的主题和观点，避免出现与主题无关或关系不大的材料。

（3）典型性原则：材料应具有代表性，能够集中反映事物本质和规律。

（4）新颖性原则：新颖、独特的材料能够吸引读者的注意和兴趣。

（5）适量性原则：材料的数量应适中，既不过多也不过少。过多的材料会使文章显得冗长乏味；过少的材料则难以支撑文章的主题和观点。

综上所述，应用文的材料是文章内容的重要组成部分。作者需要广泛收集、精心整理并合理使用各种材料，以确保文章的质量和价值。

微课视频

应用文的格式

三、应用文结构

（一）标题

应用文标题是文章的名称，用以概括文章的主要内容或主题思想。标题既可以是用文种做标题，如“申请书”“请假条”“倡议书”等；也可以是文章观点加文种做标题，如“关于加强校园安全管理的倡议书”；还可以是双标题，包括正标题和副标题，如正标题强调主要内容或主题思想，副标题说明单位和文种。

（二）称呼

称呼（部分应用文需要）要顶格写，并根据对象不同使用相应的称呼语，如“亲爱的

××”“尊敬的××”等。使用称呼能够明确收文对象，增强文章的针对性和亲和力。

（三）正文

正文是文章的主体部分，通常包括开头、主体和结尾三个部分。

1. 开头

开头用以引出文章的主题或中心话题。常见的开头方式有目的式、根据式、原因式、概述式、结论式、提问式和引述式等。开头部分要简洁明了，能够迅速吸引读者的注意。

2. 主体

主体用以分析问题或阐述中心话题。主体部分要围绕文章的主旨展开，内容要充实具体，条理要清晰分明。在应用文中，主体包括基本概况、人物事件、任务步骤、技术规模、过程趋势、结构关系、意义作用、性质规律、成绩缺点、经验教训、问题措施、目标前景等内容。

3. 结尾

结尾用以总结全文或提出希望号召。常见的结尾方式有自然收尾式、总结归纳式、强调说明式、希望号召式和专门结尾用语式等。结尾部分要简洁有力，能够给读者留下深刻的印象。

（四）落款

落款包括署名和成文日期两个部分。署名通常写在正文右下方，写明文章的作者或单位；成文日期则写在署名的下方，写明文章的写作时间。落款的书写要规范整齐，以示正式和尊重。

四、应用文语言

（一）应用文语言的特点

1. 明晰性

应用文语言要意思明白、清楚，不晦涩、无歧义，这是基本要求。应用文语言清晰可以确保读者能够准确理解文章内容。作者写作时应选用含义确定的词语，避免使用模糊或容易产生歧义的词汇。应用文应结构清晰、逻辑性强，使读者能够轻松跟随作者的思路。

2. 准确性

恰如其分地说明情况、阐述做法、表达思想，这是应用文语言的核心要求。这可以确保应用文的真实性和可靠性。作者应认真分辨词类，精心辨析词义，确保用词准确无误。应用文中的事实、数字等细节必须确实可靠，不能有任何虚假或夸大的成分。

3. 简明性

应用文语言要简明扼要、实事实说、直陈直叙，不冗长繁杂、不浮华藻饰。应用文简明的语言可以提高信息传递的效率。叙事说理时开门见山，不绕弯；遣词造句时力求用最少的文字表达最多的内容；多使用常用词、单义词和短句，避免使用生僻词、多义词和长句，这些都可以使应用文更加简明。

4. 规范性

应用文中不宜使用文学语言、口语、方言，应该使用规范化的书面语言。例如，应用文中应用“拟”，而不用“打算”；应用“散步”，而不用“遛弯儿”；应用“中国人民银行”，而不用“中人”。

（二）应用文专用语言

应用文有其独特的专用语言，并有特殊的要求。具体情况如表 1-2 所示。

表 1-2 应用文专用语言表

用语名称	作用	常见特定用语
开端用语	说明发文缘由和根据，或介绍背景及情况	为、为了、根据、按照、遵照、依照、鉴于、关于、兹、兹有、兹定于、兹派、兹聘、今、随着、由于
称呼用语	表示对人或对单位的称呼	第一人称：我、我单位、本人、本公司 第二人称：你、你局、贵公司、贵校、贵方 第三人称：他、她、它，该公司、该处、该项目
承启用语	用于连接开头与主体部分	根据……决定，根据……特通告如下，依据……公告如下，为了……现决定，为……通报如下，现就……问题请示如下，现将……（情况）报告如下，现就……问题提出如下意见，经……批准（同意），将有关事项通知如下，拟采用如下措施，经……研究答复如下
引述用语	用于复文引据	悉（知道）、收悉、电悉、文悉、敬悉、欣悉
经办用语	表明工作处理过程或情况	经、业经、兹经、未经拟、拟办、拟定、施行、暂行、试行、执行、参照执行、贯彻执行、研究执行、审定、审议、审发、审批
过渡用语	用于承上启下	鉴于、为此、对此、为使、对于、关于、如下
祈请用语	用于表示期望、请求	用于上行文：请、恳请、拟请、特请、报请 用于平行文：请、拟请、特请、务请、如蒙、即请、切盼 用于下行文：望、尚望、切望、请、希予、勿误
谦请用语	表示谦敬	蒙、承蒙、惠允、不胜感激、鼎力相助
批转用语	用于批转、转发、印发	批示、阅批、审批、批转、转发、印发
结尾用语	用于结尾，表示收束	上行文：当否，请批示；可否，请指示；如无不当，请批转；如无不妥，请批准；特此报告；以上报告，请批转；以上报告，请审核 平行文：为盼、特此函达、特此证明、尚望函复、请研究、函复、盼复、请予复函 下行文：为要、为宜、为妥、遵照执行、特此通知、此复、为……而努力、……现予公布

五、应用文的表达方式

应用文最常用的表达方式是叙述、议论和说明，一般不使用抒情和描写。

（一）叙述

叙述是应用文中最基本、最常用的表达方式之一。它主要用于直接说明、交代和介绍人、物或事件的相关情况。叙述的特点在于客观介绍和交代，要求把时间、地点、人物、事件等要素说清楚。在应用文中，叙述主要用于描述事实、事件发生过程或人的经历，使读者能够清晰地了解来龙去脉。

（二）说明

说明是一种主要的应用文表达方式。它主要用于对事物或事理进行解释和阐述，使读者能够更深入地理解事物的本质、特征、功能或事件的成因等。说明的目的是让读者理解准确、印象深刻。在应用文中，说明常用于介绍产品、服务、流程、规定等内容，帮助读者快速掌握相关信息。

（三）议论

议论是应用文中用于表达作者观点、立场和态度的表达方式。它通过对客观事物进行分析、评价或判断，来表明作者的观点和见解。议论具有鲜明的观点性、逻辑性和说服力。在应用文中，议论常用于表达作者的建议、意见或批评，以引导读者形成正确的认识、采取正确的行动。

多种表达方式使应用文能够更好地传递信息，帮助人们处理事务和解决实际问题。

作 业

1. 文章的“灵魂”和“统帅”是（ ）。

A. 语言　B. 结构　C. 主旨　D. 材料

2. 应用文的主旨坚持（ ）原则。

A. 一文一事　B. 一文两事　C. 一文三事　D. 一文多事

3. 有单标题和双标题的文章标题属于（ ）。

A. 公文式标题　B. 新闻式标题　C. 作文式标题　D. 简单标题

4. 应用文的表达方式主要是（ ）。

A. 叙述为主　B. 叙述、议论、说明

C. 议论和叙述　D. 叙述、说明、描写

5. 下列属于过渡用语的是（ ）。

A. 当否，请批示　B. 根据……决定

C. 为此　D. 特此说明

项目一　日常文书

内容提要

本项目介绍了条据、启事、声明、申请书、倡议书、邀请函等日常文书的概念、结构及写作要求。

思维导图

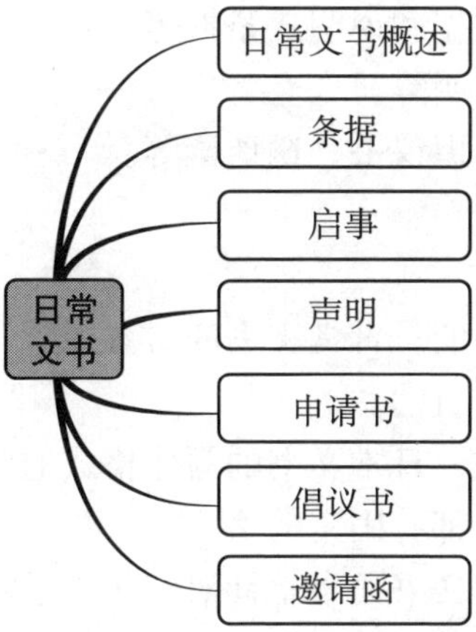

学习目标

- **素质目标：**

1. 在日常文书的写作中融入职业意识、职业素养；
2. 在日常文书的写作中培养正确的人生观和价值观。

- **知识目标：**

1. 了解条据、启事、声明、申请书、倡议书、邀请函等日常文书的概念、结构；
2. 熟记条据、启事、声明、申请书、倡议书、邀请函等日常文书的写作要求。

- **技能目标：**

1. 能够规范撰写条据、启事、声明、申请书、倡议书、邀请函等日常文书；
2. 能够选用正确的语言表达方式进行写作。

项目导入

在日常的工作、学习和生活中，我们总免不了有公事和私事要处理，而在处理这些事务的过程中，又必须履行一些必要的手续。例如，当我们领款领物、借款借物、收款收物、留言、请假时，需要写领条、借条、收条、留言条、请假条作为凭据；当我们丢失了物件，需要写寻物启事或声明；当我们想参加一个社团、创建一个社团，或想入团、入党等，都需要写申请书等。这些日常文书都有具体的写作要求。

日常文书概述

一、日常文书的概念

日常文书是人们在日常的工作、学习和生活中，办理公务、处理私事时使用的一种实用性文体。它主要起到传达信息、凭证记录、交流思想、沟通情感的作用。

二、日常文书的种类、特点和写作要求

（一）日常文书的种类

（1）条据类：包括凭据式条据和说明式条据等。

（2）告启类：包括启事、声明等。

（3）书信类：包括申请书、倡议书、邀请函等。

（二）日常文书的特点

（1）有特定的对象和行文目的。日常文书的对象通常是明确的，写给特定的读者；作者清楚知道文书的接收者和写作目的。

（2）有较为固定的写作格式。日常文书的写作格式通常是固定的，这是其显著特点之一。请假条、留言条、借条等，都有固定的格式。

（3）有较强的时效性。日常文书通常是针对工作、学习或生活中所出现的具体事情而写的，强调及时性。例如，请假要写请假条，入社团要写申请书等。

（4）一事一文。日常文书虽然形式多样，但往往一事一文，内容一目了然。

（5）具有实用性。日常文书是用来办事、解决实际问题的，具有很强的实用性。

（三）日常文书的写作要求

（1）对语言的要求：日常文书的写作目的是以传递信息为主，因此语言要朴实、简明、准确、严谨。

（2）对内容的要求：日常文书所写内容要符合生活实际情况，内容真实，情感表达诚挚、真切，不虚伪、不敷衍。

（3）对结构的要求：日常文书一般篇幅较短小，有相对固定的格式，前后连贯、完整统一。

任务一　条据

学习情境

今天是军训的第二天，同学们上午练习了队列基本动作，大家的动作规范而有力度。教官很高兴，他告诉我们即将举办篮球赛，因此要成立篮球队和啦啦队，想参加篮球队的同学上午可以先练练球，下午选拔。我和肖航想参加选拔，于是我们就商量一起去体育器材室借篮球。体育器材室的老师要求我们写一份借条。我们平时借东西都是口头说一下，从来没写过借条，手头也没手机，就慌乱地写下了这份借条：

> 借条
>
> 借篮球 2 个。
>
> 方伟、肖航　9.15

结果，体育器材室的老师不收借条，他说写得不对。那么，应该怎么修改这张借条呢？

【情境学习任务】这是借物条，属于条据。写借物条时要求将所借物品的归属单位、准确数量、经手人、归还日期等内容书写准确、具体，不能含糊，这样才能起到凭据的作用。借物条的写作要求有很多，如借物数量的数字必须大写（如“贰”），数字后面不能留空白，一定要写上计量单位（如“个”）。下面我们就来学习条据的相关内容。

知识点

一、条据的概念和种类

（一）条据的概念

人们在日常工作和生活中，常常因办理涉及钱财和物品的各种手续而留下存根，或者为说明某种情况留下字据，这种作为依据的字条就叫条据。

（二）条据的种类

条据的种类：一是凭据式条据，主要包括借条、收条、领条等；二是说明式条据，主要包括请假条、留言条等。

二、条据的结构和写作要求

（一）凭据式条据的结构和写作要求

1. 凭据式条据的结构

凭据式条据通常由标题、正文和落款三个部分组成。

（1）标题：说明条据性质的部分，必不可少。

（2）正文：开头惯用语一般为“今借到”“今收到”“今领到”等；结尾都以“此据”二字为结尾用语。

（3）落款：包括署名和日期。条据落款人的称呼不同，如领条是“经领人”；收条是“经收人”；借物条是“经办人”；借款条是“借款人”；“欠条”是“欠款人”。

2. 凭据式条据的写作要求

（1）凭据式条据必须由当事人亲笔书写，不能由他人代笔。

（2）凭据式条据中的钱款或者物品的名称要规范、准确，数字一定要用大写；钱款要写清币种，如“人民币”“美元”等，末尾要加“整”字；物品要写明名称、数量、规格和质量，以及计量单位，以防涂改或增删。

（3）借条或欠条中的归还期限，要写明具体的归还日期或归还时间，以免无故拖延，产生纠纷。

（4）凭据式条据内容不可涂改，如果不得不涂改，就要在涂改处加盖印章，以示负责。

3. 例文分析

【例文 1.1】

借条

为参加运动会，××学院××专业××班借学校体育器材室运动服捌套（编号×××），比赛结束后（2024 年 12 月 8 日）即归还。

此据

××学院（公章）
经办人：××班×××
2024 年 12 月 3 日

【简析】这是一张以班级名义借学校体育器材室运动服的借物条，借条上写明了所借物品所属单位部门、所借物品名称、所借物品数量、所借物品编号、归还日期等相关信息。正文结尾以“此据”二字作为结尾用语，强调借条的证据作用。需注意，“此据”后面不加标点。落款署上了单位名称（并盖章）和经办人的班级、姓名。

【例文 1.2】

借条

今借到××公司人民币壹万元整用于创业项目，借款期限为 2024 年 9 月 5 日至

2026 年 9 月 4 日。

此据

借款人：××（本人签名、手印）

2024 年 9 月 5 日

【简析】 这是一张借款条，交代了向谁借钱、所借币种、借款金额、借款用途、借款期限等重要内容。借款金额使用大写，并在末尾加“整”字，有防止涂改的作用。落款处有借款人本人签名和手印，有效避免了日后可能出现的纠纷。

【例文 1.3】

收条

今收到李明同学所归还的运动服捌套（编号×××），运动服均完好无损。

此据

经手人：×××

2024 年 9 月 5 日

【简析】 这是一张收到归还物后写的收条，收条上清楚写明借物人名字、所借物品名称、所借物品数量、所借物品编号，还特意写明物品的损耗情况，语言表达清晰、简洁明了。

【例文 1.4】

领条

今领到校图书馆发来的《大学语文》教材伍拾本，用于新学期大学语文课程学习。

此据

经领人：××学院（单位）×××

2024 年 9 月 5 日

【简析】 领条是个人、团体或机关在领取钱物时，给发放负责人留存的条子。这张领条简洁明了地说明了从何处领取、领取了什么、领取数量和领取用途；还交代了经领人所在单位及姓名、经办时间。

（二）说明式条据的结构和写作要求

1. 说明式条据的结构

说明式条据通常由标题、称呼、正文和落款四个部分组成。

（1）标题：用来标明条据的性质。

（2）称呼：是对接收人的礼貌称谓。

（3）正文：写清楚需要说明的具体内容。如请假条要写清楚请假的原因及请假的起止时间；留言条要将对对方说的话阐述清楚。请假条正文结尾处应写“请批准为盼”等结尾用语；留言条可不写结束语。

（4）落款：包括署名和日期。请假条落款人称呼写请假人，留言条落款人称呼写留言人。

2. 说明式条据的写作要求

（1）格式正确，内容完整清晰。

（2）语言得体、有礼貌。例如，下级向上级领导请假，在结尾处不可用“请一定批准”“务必批准”等语言，而应该用“恳请批准”“请您酌情批准”等语言，以示尊重。写留言条时，若留言方和接收方平时关系平等且十分熟悉，语言可以随意些；若接收方是长辈或领导，除礼貌用语外，必要时留言方要用征询、商量的语气。

3. 例文分析

【例文 1.5】

请假条

尊敬的李老师：

我今早身体不适，有些头晕，有点发烧，经校医诊断是上呼吸道感染，需要去医院治疗，暂请假一天（9 月 25 日），恳请批准。

此致

敬礼

附：校医务室证明一张

请假人：××

2024 年 9 月 25 日

【简析】这张请假条由标题、称呼、正文、落款组成，格式规范，内容简洁明了。正文部分写了较为具体的请假理由，提供了请假依据，写明了具体的请假时间，还用了“恳请批准”“此致/敬礼”，语言得体、规范，表达了对教师的尊重。

【例文 1.6】

留言条

尊敬的张老师：

我是校学生会宣传部干事张玲，今天我去您办公室找您，想邀请您担任文化艺术节美术作品比赛的评委，正巧您不在，我下午两节课后再来找您，可好？

谢谢老师！

张玲

2024 年 9 月 12 日

【简析】这张留言条内容清晰、格式规范。正文部分介绍了自己的身份和姓名，简单说明了找教师的事由，并预约了再次找教师的时间。语言亲切、得体。

作　业

1. 下列属于条据类日常文书的是（　　）。

A. 函　　B. 请假条　　C. 请柬　　D. 通知

2. 下列条据类日常文书属于说明式条据的是（　　）。

A. 借条　　B. 函　　C. 请假条　　D. 领条

3. 下列条据类日常文书属于凭据式条据的是（　　）。

A. 借条　　B. 函　　C. 请假条　　D. 留言条

4.（　　）是条据的主体部分。

A. 称呼　　B. 附件　　C. 正文　　D. 落款

5.“此据”两字常用于（　　）。

A. 留言条　　B. 收条　　C. 函　　D. 请假条

任务二　启事

学习情境

微课视频

一则寻手机启事

昨天下午，我在 3 号楼 301 室上课，老师要求我们把手机放到黑板左边墙壁上的手机袋里。下课时，同学跟我聊天，我们边走边聊，一路走到宿舍后，我才发现手机没拿，于是赶回 3 号楼 301 室，教室里没人，手机袋里也没有手机。于是我写了一份寻手机启事，不知道能否找回我的手机。

寻手机启事

我的宝贝不见了。哪位同学看到了它，求你告诉我，我上门去取，不胜感激。

心急如焚的我

10 月 9 日

【情境学习任务】这份“寻手机启事”有很多信息没有交代清楚：“宝贝”在哪丢的？“宝贝”的牌子、型号、颜色，以及“我”的联系方式等。即使有同学要归还手机，也不知道怎么与“我”联系。“启事”是陈述事项，所涉及事项一定要写得清楚明白。那么，怎样才能写好“启事”呢？

知识点

一、启事的概念和特点

（一）启事的概念

“启”为告启、陈述；“事”是事项。“启事”就是陈述某一事项，以告知公众或吁请公众参与的日常应用文。启事是个人或单位有事情要告知公众，把事情通过多种方式公之于众的一种应用文。

（二）启事的特点

1. 知照性

启事通过一定的传媒向公众告知事宜，具有知照性，没有强制性和约束力。

2. 期望性

启事陈述事项的目的是要公众协助和响应，期望通过告知得到公众的广泛回应，以利于有关事项的解决。

3. 单一性

启事事项要一事一启，不宜掺杂无关内容，以便公众迅速理解和记忆。

二、启事的种类

(1) 告知类：开业启事、停业启事、庆典或举办活动等启事。
(2) 征招类：征订启事、征稿启事、招聘启事、招标启事等。
(3) 寻求类：寻物启事、寻人启事、招领启事。
(4) 变更类：更名启事、迁址启事、出租启事等。

三、启事的结构和写作要求

（一）启事的结构

启事一般包括标题、正文和落款三个部分。

1. 标题

标题一般有四种写法：一是只写文种，如“启事”；二是由“事由＋文种”构成，如“征文启事”；三是由“单位＋事由＋文种”构成，如“××学校招聘启事”；四是由“修饰性词语＋文种”构成，如“重要启事”“紧急启事”。

2. 正文

正文说明启事的目的、内容、形式、要求、联系方式等。作者要根据启事的不同类型决定内容的侧重和详略。例如，寻物启事，要写明物品的丢失时间、丢失地点，物品的名称、规格、形状、质地、数量等；招聘启事，要写明招聘目的、招聘对象、招聘条件、福利待遇、联系方式等。启事的内容必须真实、准确、具体，语言要直截了当、简明扼要、通俗易懂、诚挚恳切。

3. 落款

落款写明撰写启事的单位名称或个人姓名、撰写启事的日期。如果单位名称已在标题中出现，那么落款处单位名称可以省略。

（二）启事的写作要求

1. 格式正确

启事的格式应符合通用的书写规范，如标题居中、正文段落分明等。

2. 内容完整清晰

启事的事项不仅要严密、完整，不遗漏应启之事，而且要表述清楚。关键的、重要的信息要写具体明确，如物品的特征、地址、时间、联系方式等。

3. 用语热情恳切

启事的用语要热情、恳切、文明，以达到预期效果。

四、例文分析

【例文 1.7】

寻物启事

本人于 10 月 9 日上午第 4 节课，在 3 号楼 301 室上课，把手机放在黑板旁挂着的手机袋里，下课后忘记拿了。本人的手机是紫色的。手机虽价值不高，但里面的东西比较重要，现十分着急，望捡到的好心人能联系本人，本人定当酬谢！（联系电话：188××××××××）

失主：×××
2024 年 10 月 9 日

【简析】这份寻物启事，具体写明了物品的丢失时间、丢失地点，描述了物品的名称、外观等，交代了失主的联系方式，表明了给予酬谢的态度。内容清楚明确，使人一目了然。

【例文 1.8】

××大学（1925—2025）校庆启事

2025 年 10 月 2 日，是××大学的 100 周年纪念日，届时将举办盛大的校庆活动。

为迎接百年校庆，学校已成立了“百年校庆筹备委员会”，恭请世界各地校友（凡在××大学学习和工作过的师生员工）届时返回母校参加校庆活动。同时，学校拟编《校史资料集》《优秀论文集》，请各界校友踊跃提供有关史料及省级以上获奖论文、著作。拟参加校庆或提供资料者，请函告或电告姓名、单位、职务、毕业届次，或直接与校庆筹备办公室联系。感谢海内外校友为母校的发展做出贡献。

学校地址：××区××路××号，邮政编码：××××××，联系电话：（×××）××××××××，传真：（×××）××××××××，联系人：王老师。

××大学

2025 年 3 月 2 日

【简析】这是一份庆典启事，是举办庆祝或纪念活动时，由筹办单位向社会各界及有关人员告知庆典事宜的启事。该启事交代了庆典的时间、缘由、庆典活动的总体安排，还写明了联系方式，内容具体明确。

【例文 1.9】

××大学（1925—2025）校庆主题征文启事

2025 年 10 月 2 日，××大学迎来建校 100 周年华诞。为凝聚师生校友，讲好学校教育故事，展示学校形象，彰显学校精神，激励广大师生校友踔厉奋发、勇毅前行，再谱新华章，在校庆即将到来之际，将开展校庆主题征文活动。现将有关事宜通知如下。

一、征集对象：全体校友、全体师生员工、退休教职工

二、征集时间：即日起至 2025 年 9 月 1 日

三、征集内容

（一）峥嵘校史：回顾学校不同时期为党育人、为国育才的教育使命、教育思想、重大变迁、发展成果、辉煌成就等有温度、有质感的有关人物、事件。

（二）激情岁月：讲述个人与学校共奋进的故事，回顾在校的成长经历与收获，共同见证个人和学校的发展与进步的工作经历。

（三）吾爱吾师：回忆恩师风范、大师风采，讲述就读期间教师立德树人的动人故事、感人瞬间和精神情怀。

四、作品要求

（一）感情真挚、内容真实、体裁不限、长短不拘。

（二）校内学生。各学院统一组织初评，选送稿件 20 篇，于 2025 年 9 月 1 日前统一交给校团委宣老师。

（三）校外校友。作品以 Word 电子版格式提交，作品发送至邮箱：×××××@163.com。截止时间：2025 年 9 月 1 日。

五、作品呈现：我们会将获奖作品汇编成书，同时将在学校公众平台精选优秀作品全网推送。

衷心感谢您的关注、参与及对学校的关心与支持！

××大学

2025 年 3 月 2 日

【简析】这是一份征文启事，开头概述了举办本次活动的背景。征文主体部分因为内容较多，采用了分条列项的形式，将所征稿件的对象、时间、内容、要求和获奖作品呈现方式一一说明，既清楚又简洁。这里要注意数字序号的规范书写。

知识拓展

启事和启示的区别

“启事”，是为了公开声明某事而登在报刊上或墙上的文字。这里的“启”是“说明”的意思，“事”是指被说明的事情。而“启示”的“启”，则是“开导”的意思，“示”是把事物摆出来或指出来让人知道。“启示”指启发指示、开导思考，使人有所领悟。可见，“启事”和“启示”的含义截然不同，二者不能通用。无论是“征文启事”，还是“招聘启事”，都只能用“事”字，而不能用“示”字。

作 业

1. 个人或单位有事情要告知大众，并把事项或在公众场所张贴，或通过报纸、广播、电视、公众号等媒体公之于众的一种应用文是（　　）。

A. 声明　　B. 公告　　C. 启事　　D. 海报

2. 下列不属于启事的特点是（　　）。

A. 知照性　　B. 期望性　　C. 强制性　　D. 单一性

3. 写作启事的要求不包括（　　）。

A. 一事一启　　B. 讲究时效　　C. 内容单一　　D. 语言通俗

4. 办公室更改电话号码，可用（　　）公布周知。

A. 通知　　B. 通告　　C. 声明　　D. 启事

5. 阅读下面一则启事，完成下列各题。

微课视频 练习讲解

①我公司应征网页制作人员和平面设计人员各20名。②凡我市21～35周岁、身体健康、大专或大专以上文化程度的男女青年均可报名。③贵公司地处市中心地带，交通方便，环境优美。④待遇优厚，最低月工资2 700元。⑤路途较远的职工，公司负责食宿。⑥愿者请带身份证到本公司的人事科报名。⑦经考试后即可录用。⑧试用期3个月。

××诚信网络广告公司

2025年5月15日

此启事正文部分有几处毛病，请分别按以下要求对正文部分进行修改。

（1）第____句因______词运用不当，导致语意不够明确，应将此改为__________。

（2）第____句有一词运用不够得体，应将此改为__________。

（3）第____句不合事理，需要在____词后添加__________一词。

（4）文中有一重要遗漏，内容是__________________________。

6. 某高校团委拟举办“中华优秀传统文化进校园”系列活动，现面向全校师生有奖征集本活动的形象标识。请以该校团委的名义拟写一份征集启事。要求：300字左右，内容充实，格式规范，语言得体。

任务三 声明

学习情境

小李同学在回校途中遗失了重要证件。为了防止不法分子利用丢失的证件进行违法活动，小李需要及时进行挂失和发布声明。他咨询了辅导员老师。辅导员老师建议他可以选择线上或线下办理。他选择了线上办理。办理流程：打开支付宝，搜索并进入小程序；找到“×××证件挂失”服务，点击进入；填写个人信息，包括姓名、身份证号码等，并上传身份证照片；核对信息无误后，提交申请并支付相关费用；系统会显示申请成功，等待审核通过后，声明会在网上发布。小李很好奇该声明怎么写。

【情境学习任务】丢失了证件，为防止不法分子利用丢失的证件进行违法活动，要先及时注销原证件，再补办新证件。注销原证件需要办理遗失声明。遗失声明是一种法律文书，能在法律上证明该物品已不在持有人手中，保护持有人的权益。通过发布遗失声明，持有人可以有效降低风险。

知识点

一、声明的概念和特点

（一）声明的概念

声明是组织或个人出于维护自己的权益的目的，就某一重要事项或问题向社会公开表明自己立场和态度的一种公告性文体。

声明按其内容性质可分为两大类。

(1) 有关政治的声明：多用于国家对外声明，如政府声明、联合声明等。

(2) 有关事务的声明：多用于维护组织或个人的合法权益，如委托声明、澄清声明、遗失声明、搬迁声明等。

（二）声明的特点

1. 严肃性

声明的事项都是重要而严肃的。声明的观点要鲜明，立场坚定，严肃认真。

2. 公开性

声明往往通过多种传媒形式向社会发布，以便达到预期的效果。

3. 及时性

声明是否及时将影响维权是否及时。

二、声明的结构和写作要求

（一）声明的结构

声明由标题、正文和落款三个部分组成。

1. 标题

标题一般有四种写法：一是只写文种，如“声明”；二是由“事由＋文种”构成，如“遗失声明”；三是公文式标题，如“××生态环境局关于××的严正声明”；四是由“发文机关＋事由＋文种”构成，如“××有限责任公司授权法律顾问××律师的声明”。

2. 正文

正文简明扼要地陈述声明的缘由及有关事项，表明鲜明的态度和严正的立场，可以用“特此声明”作为结尾用语。正文，一是要说明发出声明的原因、目的；二是要说明主要内容、立场、态度、主张，语言精练、用词恳切。

3. 落款

落款包括署名、日期和附项。有的声明相关事宜，要在署名的右下方附注本单位的地址、电话、传真及邮政编码等，以便联系。

（二）声明的写作要求

1. 事实确凿，有据可查

声明中提到的事实要确凿清楚、有据可查。如果是遗失声明，应写上所遗失证件、票据的号码、份数。声明中的相关表述必须准确、明晰。

2. 是非分明，有法可依

声明的内容要合乎有关法律的规定，是非界限要分明。行文必须严肃、庄重。

3. 观点鲜明，理直气壮

声明的观点要鲜明，不可含糊其词，立场要坚定。作者不仅要善于抓住事件中的关键和要害并表明态度，而且态度要明朗、语气要肯定。

4. 表述要简明扼要，措辞要得体

作者要注意把握分寸，尽量避免用多义词和歧义短语。

5. 声明内容不能侵犯他人权利

声明大多是为了维护自己的合法权益，但作者在表达自己的态度、立场时，要注意不能侵犯他人的合法权益，内容必须符合法律法规和公认的事理准则的要求。

三、例文分析

【例文 1.10】

遗失声明

我于 2025 年 6 月 30 日遗失“××许可证”正本，证书单位名称：×××，证书编

号：××××××，有效期至××××年××月××日。现声明该证书作废。

×××
2025 年 6 月 30 日

【简析】这是一份遗失声明，先写清了所遗失证件的名称、编号、有效期限，然后声明该证书作废。结构完整、语言清楚、态度严谨。

【例文 1.11】

严正声明

近日，有不明组织和个人冒充生态环境部门工作人员以办理环保手续名义，通过电话、微信、短信等方式实施诈骗行为。在此，我局郑重声明：我局从未授权任何单位或个人组织开展上述业务。请各地方和单位提高警惕，谨防上当受骗。如已造成损失，请及时向公安部门报案。特此声明！

××市生态环境局
2025 年 1 月 3 日

【简析】这是一份维权声明，先讲清被侵权事实：被不明组织和个人冒充生态环境部门工作人员实施诈骗行为；然后表明态度——从未授权任何单位或个人组织开展上述业务，提醒公众不要上当受骗，如已造成损失应及时报案。这份声明目的明确、行文简洁、言辞恳切、语气坚定。

知识拓展

如何区别声明和启事？

声明和启事都是向公众传达特定信息，但两者有区别，具体如下：

（1）内容和形式：启事主要侧重于告知公众具体的事实或事件，内容较为具体详细，还期望公众关注和参与；而声明则更多地用于表明立场和态度，内容较为概括和抽象，一般不提出希望或要求。在形式上，启事的语言相对平和、表述较为客观；而声明的语言更为强烈，具有较强的主观色彩。

微课视频
声明和启事

（2）应用范围：启事适用于各类组织、企事业单位的公告发布，也可用于媒体和社交平台；而声明则更多地用于重大事件的宣布，如政治声明、公司声明等。此外，声明还可能具有法律效力，如法律声明等。

（3）目的和效果：启事的主要目的是传达信息，引起公众关注；而声明的目的是明确立场、澄清事实、维护权益等。在效果上，启事更注重信息的传播和普及；而声明则更注重塑造形象、传达态度等。

在使用启事和声明时，首先要明确它们所适用的使用场合和目的。对于一般性的信息公布和告知，如活动通知、招聘等，可选用启事；而对于重大事件的宣布等，则应选用声明。此外，在使用启事和声明时还需注意语言和形式的规范性，以确保信息的准确性和权威性。在实际应用中，还需根据具体情况进行灵活选择和使用。

作　业

1. 声明具有（　　）。

A. 公益性　　B. 公开性　　C. 吁请性　　D. 期望性

2. 下列关于声明的说法，正确的是（　　）。

A. 声明、启事完全不一样

B. 声明是带有庄重、严肃性质的说明

C. 声明的语言相对平和，表述较为客观

D. 声明主要是遗失声明

3. 小李同学在回校途中遗失了身份证。请你为小李同学拟一份遗失声明。

任务四　申请书

学习情境

今天是学校社团招新日。招新现场人头攒动，气氛热烈。各社团通过设立展位、展示成果、现场互动等形式，向全校同学展示风采、特色。招新棚内各类宣传手册、精品活动画册、文创产品琳琅满目；各社团骨干成员耐心地为同学们介绍社团情况，欢迎“新鲜血液”加入，热烈的氛围感染着招新现场的每一位同学。文文和晓燕也很想参加社团锻炼自己的能力，文文想参加文学社，晓燕想参加民乐社，她们的申请书该怎么写呢？

【情境学习任务】申请书的种类有很多：有工作、学习方面的申请，如入学申请书、入社团申请书、创建社团申请书等；有日常生活方面的申请，如离校申请书等。申请书内容不同，写法也有不同。

知识点

一、申请书的概念和特点

（一）申请书的概念

申请书是个人或集体向组织、机关、企事业单位或社会团体表达愿望、提出请求时使用的一种专用书信。申请书一般分为两大类：一是申请加入某个进步团体；二是请求解决问题。例如，入团申请书、入社团申请书属于第一类；创办社团申请书、申请助学金属于第二类。

（二）申请书的特点

1. 请求性

申请书的写作目的是表达请求，这是其写作的唯一理由。

2. 单一性

申请书内容单一明确，只关注于一个特定的请求或事项，一事一书。

3. 真实性

申请书的内容要真实反映实际情况，不可虚假陈述。

二、申请书的结构和写作要求

（一）申请书的结构

申请书一般由标题、称呼、正文、结尾用语、落款五个部分组成。

1. 标题

标题一般有三种写法：一是只写文种，如“申请书”；二是由“申请事由＋文种”构成，如“入党申请书”；三是直接写申请事由，如“补办会员证申请”。

2. 称呼

称呼在标题之下另起一行，既可以顶格书写接收申请书的单位或组织名称，也可以是领导人姓名。

3. 正文

正文包括申请事项、申请理由、申请期望三个部分。

（1）申请事项：简要介绍申请人基本信息后，需表明向组织、领导提出申请什么事项，直截了当，不含糊其词。

（2）申请理由：说明写申请书的目的、意义及自己对申请事项的认识。申请内容不同，写法也有所不同。例如，入社团申请书，要写明自己的申请目的、入社团条件和能承担的工作等；创办社团申请书要提及拟成立社团的名称、宗旨、组织结构等。

（3）申请期望：进一步表明自己的决心、态度和要求。这部分应语言诚恳而有分寸、朴实准确、简洁明了。

4. 结尾用语

结尾用语既可用“此致/敬礼”这样的礼貌用语；也可用“特此申请”“恳请领导批准”这样的惯用语。

5. 落款

在结尾用语的右下方署上申请人的姓名，姓名前加上“申请人”三字；在署名下一行写上申请的准确日期。

（二）申请书的写作要求

1. 一事一议

申请书应围绕一个特定的事项或请求来写，内容要单一，不要在一份申请书中提出多个无关的事项或诉求。

2. 理由充分

申请书要详细、客观地说明申请的原因和依据，让审批方能够清楚了解申请人提出申请的必要性和合理性。申请人可列举具体事例、数据等来支持自己的观点，但不能虚夸和杜撰。

3. 态度诚恳

申请书语言要谦恭、恳切，体现出对审批方的尊重，以及申请人对申请事项的认真态度。申请书中要避免出现生硬、强硬或不礼貌的语言。

4. 真实准确

申请人所写内容必须真实可靠，不得隐瞒或伪造事实。

三、例文分析

【例文 1.12】

入社团申请书

尊敬的文学社社长：

您好！

我是××学院 2024 级新生×××，我想加入贵社美术部。

贵社是我校文艺爱好者自主组建的一个文学社团，以培养写作、书法、绘画等文艺人才为主，是文艺爱好者互相学习 、互相探讨、共同提升的平台。

我喜欢绘画，曾参加过省绘画比赛，获得二等奖，老师和同学们不断鼓励我继续在美术上努力奋进，我也有了一点自信心，想在更广阔的美术学习平台上提升自我，想与更多的同学一起在美术上切磋技艺。所以，我真诚地申请加入贵社美术部，恳请社长批准。如果我有幸能够加入贵社，我会尽自己所能、发挥自己的特长，为文学社做出自己的贡献；假如，我没有被批准，那可能是我的认识不够深刻，绘画技术还不够精湛，我会继续努力，争取能早日加入贵社。

希望社长能够批准！

此致

敬礼

申请人：×××

2024 年 10 月 10 日

【简析】这是一份入社团申请书，格式准确，层次条理清晰。申请人先介绍了自己对文学社的认识和想加入文学社美术部的原因及自身条件；接着简单介绍自己，提出期望；

最后表明了自己的态度。本篇申请书言辞真切。

【例文 1.13】

创建社团申请书

尊敬的院团委、院领导：

你们好！

首先非常感谢你们抽出宝贵的时间来审阅这份申请书。

我们是一群热衷于策划、组织的学生，我们有着共同的兴趣爱好，希望能有一个共同学习、互相探讨以提高社会实践能力的平台，因此我们恳请成立技能实践社团（简称技能社团）。

本社团是以“服务学院，服务同学，服务自我”为宗旨，通过了解电力知识和举办技能活动等途径，给众多有兴趣的同学提供一个在电力行业体现自我价值、挖掘自我潜力、提升自我综合素质、增长社会经验的平台。

在社团的建设上，我们将努力建设一个具有领导、策划、组织能力的团队，更好地为广大社员服务。学术上，我们会加快社团建设，营造良好的学习氛围，提高社团理论水平；实践上，我们会努力拓宽途径，为社员提供更多的实践机会，使社员学以致用。我们会全方位建设好社团，服务好同学。恳请院团委、院领导能批准我们创建社团的申请。

此致

敬礼

申请人：××× ×××

2025 年 4 月 10 日

【简析】这是一份创建社团申请书，与加入社团申请书的写法不同。申请事项明确具体，阐述了社团的宗旨、建设设想。语言直截了当，结构层次明晰。

知识拓展

怎样写入党申请书?

《中国共产党章程》第一条规定：“年满十八岁的中国工人、农民、军人、知识分子和其他社会阶层的先进分子，承认党的纲领和章程，愿意参加党的一个组织并在其中积极工作、执行党的决议和按期交纳党费的，可以申请加入中国共产党。”

写入党申请书是加入中国共产党的重要步骤，以下是撰写入党申请书的一些基本指南。

一、基本格式

（一）标题

直接使用“入党申请书”作为标题，居中写在第一行。

（二）称呼

在标题下一行顶格写“敬爱的党组织”，后面加冒号。

（三）正文

正文应包含：(1) 对党的认识、入党动机和对待入党的态度。在这部分中要鲜明地表明自己的入党愿望。(2) 个人在政治、思想、学习、工作等方面的主要表现情况。(3) 今后努力方向及如何以实际行动争取入党。(4) 个人履历、家庭成员及主要社会关系的基本情况。

（四）结尾

通常以“请党组织考验我”或“请党组织看我的实际行动”等话语结束，表达愿意接受党组织考验的决心。

（五）落款

在结尾的右下方写上申请人姓名，申请人姓名下面写明申请日期（公历时间，包括年、月、日）。

二、注意事项

（一）真实性

入党申请书内容应真实，不得隐瞒或伪造相关信息。

（二）朴实性

语言应朴实、庄重，不应刻意追求华丽的词句。

（三）本人书写

入党申请书应由本人书写。如因健康等原因不能亲自书写，可以由本人口述，请人代写，但需说明原因并经过申请人确认。

（四）自我认识

申请人在撰写入党申请书时，应认真学习有关党的基本知识，树立正确的入党动机；同时，应联系自己的实际情况，真诚地向党组织说明自己的认识和体会。

作 业

1. 申请书具有（　　）。

A. 情感性　　B. 公开性

C. 请求性　　D. 期望性

2. 下列关于申请书的表述，正确的一项是（　　）。

A. 申请书不用写称呼

B. 申请书是多事一书

C. 写申请书是为了表达请求

D. 入团、入党应用志愿书，不能用申请书

3. 为弘扬中华优秀传统文化，某校文学院学生会拟牵头成立古诗词创作学社。请以文学院学生会的名义给校学生会写一份300字的申请书，要求内容充实、文体规范、语言得体。

任务五 倡议书

学习情境

“近日，小视频用户调查显示，大部分的抖音用户都在二十四岁以下。这个年纪或在读书或刚刚进入社会、进入职场。为什么不断刷小视频？因为他们在猎奇，他们总在等待着更新鲜的事物呈现在面前。小视频刷多了之后，他们会形成一种惯性：没有耐心去读一本书、没有精力去思考某一件事情。每个人的时间和精力都是有限的，如果只是选择虚度时光，那我们就没有更多的时间去提升自己了。”读了以上材料，校团委的老师想写一份倡议书，面向全校学生提出一些希望与建议，并为此组织了倡议书征文活动。那么，应该怎么写这份倡议书呢？

【情境学习任务】倡议书是针对日常生活和学习中的实际问题，提出一些合理化建议的文种，能起到聚集力量、引导方向的作用。校团委的老师针对“刷小视频会影响阅读”这一现象，开展倡议书征文活动。这是一个非常有意义的教育活动。撰写倡议书，能够激励学生认识问题、思考问题、提出对策；践行倡议书，能够鼓励学生一起求真、向善、尚美，推进校园文明建设。

知识点

一、倡议书的概念和特点

（一）倡议书的概念

倡议书是个人或集体公开提出某种建议，希望能够得到广泛的响应，以推动某一项任务或活动广泛开展的专用书信。

（二）倡议书的特点

1. 发起性

倡议书不仅是为提出建议，还含有身体力行、做出表率之意。

2. 公益性

倡议书所提倡的，应为有益于社会和公众的事项。它反映的应是符合现代社会文明准则、公共道德的进步观念，引领新型的人际关系、社会秩序和群体风气。

3. 吁请性

倡议书的对象具有广泛性和群众性的特点，面向整个部门、行业、地域甚至全国发出。它是对所倡导的活动或行为发出呼吁，以吁请大众一起响应、积极参与。

二、倡议书的结构和写作要求

（一）倡议书的结构

倡议书一般由标题、称呼、正文、落款四个部分组成。

1. 标题

标题一般有两种写法：一是只写文种，如“倡议书”；二是由“倡议内容＋文种”构成，如“关于×××的倡议书”。

2. 称呼

依据倡议的对象而定，有时也可以不用。

3. 正文

正文是倡议书的核心部分，一般包含三个部分内容。

（1）倡议背景：写明倡议的理由和背景，包括当时的各种事实及发布倡议的目的，以便人们理解和信服。

（2）倡议内容：写明倡议的具体内容和要求，这是正文的重点部分。倡议的内容一定要具体，包括开展怎样的活动、做哪些事情、具体要求是什么、有哪些价值和意义等，以上内容均需一一写明。倡议的具体内容一般分条列项、清晰明确。

（3）提出希望：主要写明决心、希望或某种建议。

4. 落款

写明倡议者单位、集体或个人的名称或姓名，以及发出倡议的日期。

（二）倡议书的写作要求

1. 主题明确

倡议书要围绕一个核心议题展开，应避免涉及多个不相关的话题。倡议书内容不能违背国家的方针政策，需符合时代精神。

2. 篇幅不宜过长

倡议书的篇幅一定要短小，内容言简意赅、通俗易懂，理由一定要讲述清楚、全面，这样才能吸引更多的人阅读，并得到更多人的响应。

3. 语言简练

倡议书的措辞一定要得体、精练，使用简单明了的文字，避免使用复杂、冗长的句子。措辞应恰切。

三、例文分析

【例文 1.14】

倡议书

亲爱的同学们：

环境是我们赖以生存的基础。我想，我们每个人都渴望拥有一个美好的家园，都希望生活在人与自然和谐相处的文明环境里。为了守住青山绿水、留住蓝天白云，我们特发出如下倡议：

（1）爱护花草树木从我做起。我们要自觉做到不践踏绿地草坪，不攀摘树枝花朵，不破坏绿色植被，保护绿色生命，不做任何破坏树木草地的行为。

（2）积极加入到环保队伍中来，为环境建设做出贡献。我们要在看到破坏环境的行为时，能主动上前劝阻，并广泛宣传爱护环境的重要性。

（3）积极开展环保宣传。我们要采取各种方式开展环境保护宣传活动，同时通过自身的努力带动身边的每一个人积极开展环保宣传活动，一起爱护环境。

希望同学们都能够加入到爱绿护绿的行列中来。用自身的实际行动，爱护身边的每一抹绿色，为建设绿色家园贡献自己的力量！保护环境，人人有责！爱绿护绿，从我做起！

××学校

2024 年 9 月 15 日

【简析】这是一份倡议书，首先在倡议背景里说明了保护环境的意义及发出倡议的具体目的，其次从三个方面提出了倡议的具体内容和要求，最后向倡议对象发出了号召。全文内容充实、条理清晰。

知识拓展

倡议书与建议书的比较

当今社会，倡议书与建议书已成为推动各项事务发展的重要工具。两者的目的均为倡导某种观点或推行某种举措，但存在一些显著的区别。

1. 目的与意义不同

倡议书与建议书都旨在提倡某种主张或措施，但它们的意图和重点略有不同。倡议书注重号召人们共同行动，往往旨在实现某一特定目标或改变某种行为；建议书主要是为了提供解决问题的建议或措施，旨在改善现状或解决特定问题。

2. 结构不同

倡议书与建议书都由标题、正文和落款三个部分组成。倡议书的正文包括倡议的目标、具体行动方案等，结构较灵活；建议书的正文通常包括问题的陈述、建议的提出及理由的说明，结构相对固定。

3. 语言表达不同

倡议书注重情感和感召力，一般使用具有感染力的语言，以激发读者的共鸣和参与；建议书通常采用客观、中性的语言，强调事实和逻辑，以说服读者接受建议。

4. 实施方式不同

倡议书需要广泛动员公众参与，通过联合行动、宣传教育等手段推进；建议书的实施通常需要制定具体方案和措施，通过政策等途径推动落实。

5. 监督和评估不同

倡议书的监督和评估具有灵活性，可以采取多种形式，如公众投票、项目进展报告等，以保持对实施进度的监督；建议书的监督和评估相对更为规范，通常由政府或相关机构负责实施，以保证建议的有效落实。

作　业

1. 倡议书具有（　　）。

A. 请求性　　B. 单一性

C. 吁请性　　D. 及时性

2. （　　）不是倡议书结尾常用的表达方式。

A. 提出建议　　B. 吁请支持

C. 提出希望　　D. 强调倡议的重要性

3. 请以××大学学生会的名义给全校学生写一篇主题为“提倡节约、反对浪费”的倡议书，要求内容充实、文体规范、语言得体，300字左右。

任务六　邀请函

学习情境

随着人工智能技术的快速发展，Chat GPT等自然语言处理工具得到广泛应用，并产生了深远影响。××学院学生会拟组织“人工智能改变大学生生活与学习”主题讲座，探讨分析Chat GPT如何改变大学生的生活和学习方式，如信息获取、社交媒体使用、娱乐等方面；介绍Chat GPT在辅助学术论文写作方面的应用；提供智能化的学习资源和交互体验。文文刚进学生会，她接到的第一个任务是邀请人工智能专家来作讲座，她不清楚应该写请柬还是邀请函。

【情境学习任务】在社交礼仪场合中，请柬和邀请函是两种常见的应用文，都具有邀请的作用，但各自承担着不同的角色和功能。请柬主要用于庆祝活动、婚礼、生日派对等场合；邀请函主要用于正式的会议、工作或活动场合。文文邀请人工智能专家作讲座，这种情况用邀请函比较合适。邀请函的写法与请柬的写法是不同的。

知识点

一、邀请函的概念和特点

（一）邀请函的概念

邀请函，又称邀请信、邀请书，是邀请单位或个人参加活动的一种通知性专用书信。邀请函适用于内容较丰富、时间较长、项目较多、程序较复杂的活动，如招聘会、研讨会、主题活动、联谊会等。

（二）邀请函的特点

1. 礼仪性

邀请本身就带有明确的尊重之意，促进彼此之间的支持和合作。

2. 说明性

邀请函必须对所涉及活动的事项进行详尽的说明，以方便受邀方前来参加。

二、邀请函的结构和写作要求

（一）邀请函的结构

邀请函一般由标题、称呼、正文、结尾用语、落款五个部分组成。

1. 标题

标题一般有三种写法：一是只写文种，如“邀请函”；二是由“发文事由＋文种”构成，如“当代青年文学创作研讨会邀请函”；三是由“发文单位＋发文事由＋文种”构成，如“××大学110周年校庆邀请函”。

2. 称呼

邀请对象的名称，既可以是单位名称，如“××大学”；也可以是统称，如“各位常务理事”；还可以是个人姓名（注意：姓名前要加敬语“尊敬的”；姓名后要加“先生”、“女士”或“职务”等称呼）。

3. 正文

正文包含两个部分的内容：一是交代活动的目的、意义、时间、地点，并向受邀方发出邀请；二是采用分条列项的方式对活动的具体内容、日程安排、注意事项等做出详细说明。

4. 结尾用语

结尾用语要用表示恭敬之意的词语，如“恭候回复”等；也可以结合活动具体内容用一句祈使句结束，如“让我们相聚在××”。

5. 落款

落款写邀请方的单位名称或个人名称，另起一行注明邀请时间。邀请方为单位的，需加盖公章。

（二）邀请函的写作要求

1. 内容具体

对于活动有关事项的说明必须具体而准确。

2. 语言诚恳

根据邀请对象和内容认真措辞，既要体现对邀请对象的尊重，又要表达期望对方接受邀请的心情。

三、例文分析

【例文 1.15】

邀请函

尊敬的用人单位：

为在寒假期间持续为我校 2025 届毕业生提供不间断的就业服务，促进高校毕业生高质量充分就业，现决定举办 2025 届高校毕业生“寒假暖心行动”网络招聘会——××学院专场活动，欢迎用人单位报名参会。具体安排如下：

- 主办单位：××学院
- 招聘会时间：

举办时间：2025 年 2 月 1 日—2 月 22 日

报名时间：2025 年 1 月 14 日—1 月 31 日

- 参会对象：有高校毕业生招聘需求的用人单位、我校 2025 届毕业生及往届未就业的毕业生。
- 参会方式：请有招聘意向的用人单位登录我校就业信息网点击“招聘会”进行报名，待资质审核通过后，参会单位点击“单位预订展位”报名参加本次招聘会。毕业生参会方法：登录我校就业信息网，在线查看参会单位招聘需求，投递简历。

本次网络招聘为公益活动，不收取展位费。请参会单位规范招聘，严禁虚假招聘、传销招聘等欺诈行为，如有违法、违规行为，主办方将依据法律法规追究责任。

联系方式：魏老师，电话：××××-×××××××××，邮箱：×××@163. com

××学院

2025 年 1 月 14 日

【简析】这是一份招聘活动的邀请函，开头先说明活动的目的，接着讲述活动的具体事项。因说明的事项较多，因此采用分条列项的方式。本篇行文语言朴素、条理清晰、情感真挚。

知识拓展

邀请函与请柬的区别

（1）邀请函使用范围较请柬广泛。邀请函涉及大小会议、报告等社会生活的多个方面；而请柬多用于喜庆之事。

（2）邀请函的内容比请柬复杂，信息容量更大。邀请函除了要像请柬一样写明活动时间、地点外，其最大的优点是有足够的篇幅，可对一次会议（或活动）的背景情况、具体内容及规模、形式等方面做较为详尽的介绍和说明，从而引起受邀方的关注，激发受邀方的兴趣。请柬的内容简洁，主要说明活动和邀请，篇幅短小。

（3）邀请函的语言准确、平实，适合正式场合；请柬的语言简洁、庄重，适合喜庆场合。

作 业

1. 邀请函的结构不包括（　　）。

A. 标题　　B. 称呼　　C. 附言　　D. 落款

2. 单位、团体、个人邀请有关人员参加或出席某些重要活动或会议的一种告知性礼仪文书是（　　）。

A. 申请书　　B. 邀请函　　C. 通知　　D. 请示

3. 学院举办“唱红歌，跟党走”大合唱比赛，届时将邀请本市几位歌唱教学和歌唱表演方面的专家来担任评委。请你拟写一份邀请函，要求内容充实、文体规范、语言得体，300 字左右。

项目二　行政文书

内容提要

本项目介绍了行政文书的概念。通过学习行政文书的行文规则、一般格式，培养规范写作行政文书的意识；掌握常见行政文书——通知、通报、报告、请示、函、纪要的结构和写作要求，培养撰写行政文书的能力。

思维导图

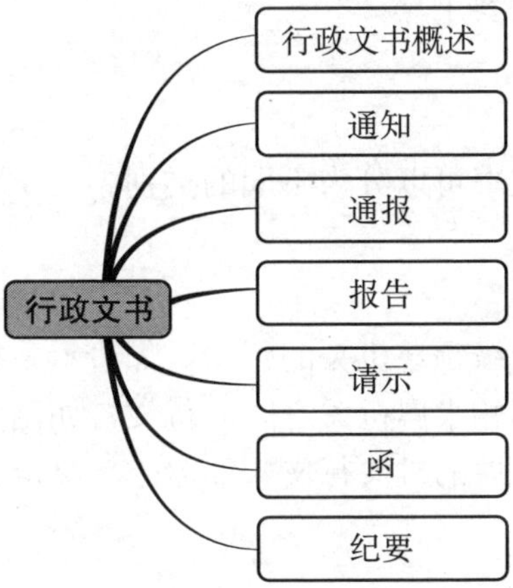

学习目标

- **素质目标：**

1. 认识行政文书写作的重要性，培养学习行政文书写作的兴趣和信心；

2. 通过行政文书各类文体内容的学习，培养应对职场需要分析问题、解决问题的能力，提高文字表达能力和社会适应能力。

- **知识目标：**

1. 了解行政文书的基本理论知识；

2. 掌握通知、通报、报告、请示、函、纪要的结构。

- **技能目标：**

1. 熟悉行政文书的行文规则，能够准确区分行政文书的各类文体；
2. 掌握行政文书各类文体的格式，能够规范写作行政文书。

项目导入

在生活和工作中，我们常常需要与各种行政文书打交道。从简单的通知到复杂的报告，行政文书写作是我们日常工作中不可或缺的一部分。能否写出清晰、准确、有效的行政文书，不仅关系工作效率，还直接影响我们的职业形象。

行政文书写作在我们的生活和工作中具有极其重要的作用，是传递信息、沟通意见、解决问题的有效手段。无论是上级指示、下级汇报，还是平级沟通，都需要借助行政文书来传递信息，以确保相关工作的顺利进行。此外，高质量的行政文书还能有效地展示我们的专业素养和工作能力，进一步提升个人职业形象。

行政文书概述

一、行政文书的概念

行政文书是行政机关在行政管理过程中形成的具有法定效力和规范体式的文书，也是依法行政和进行公务活动的重要工具。

二、行政文书的种类

按照不同的标准，行政文书可以分为不同的类别。

（一）按行文方向划分

上行文，指下级机关对上级领导机关的行文，如请示、报告等。
平行文，指平级机关或不相隶属机关之间的行文，如函、平行性通知、议案等。
下行文，指上级机关向下属的机关行文，如命令、决定、通报、批复等。

（二）按涉密程度划分

“绝密”文件，指含有最重要的国家秘密的公文。
“机密”文件，指含有重要的国家秘密的公文。
“秘密”文件，指含有一般的国家秘密的公文。

（三）按缓急程度划分

一般可以分为特急件、急件和一般文件三类。

三、行政文书的行文规则

行文规则指行政文书撰制过程中的操作标准。

（一）上行文规则

（1）原则上主送一个上级机关，根据需要同时抄送其他相关上级机关和同级机关；不抄送下级机关。

（2）党委、政府部门向上级主管部门请示、报告重大事项，应当经本级党委、政府同意或者授权，属于部门职权范围内的事项应直接报送上级主管部门。

（3）下级机关的请示事项，如需以本机关名义向上级机关请示，应当提出倾向性意见后上报。不得原文转报上级机关。

（4）请示应当一文一事，不得在报告等非请示性文书中夹带请示事项。

（5）除上级机关负责人直接交办事项外，不得以本机关名义向上级机关负责人报送行政文书，也不得以本机关负责人名义向上级机关报送行政文书。

（6）受双重领导的机关向一个上级机关行文，必要时应当抄送另一个上级机关。

（7）不符合行文规则的上报文书，上级机关的文秘部门可退回下级呈报机关。

（二）下行文规则

（1）主送受理机关，根据需要抄送相关机关。重要行文应当同时抄送发文机关的直接上级机关。

（2）党委、政府的办公厅（室）根据本级党委、政府授权，可以向下级党委、政府行文，其他部门和单位不得向下级党委、政府发布指令性行政文书或者在文书中向下级党委、政府提出指令性要求。需经政府审批的具体事项，经政府同意可由政府职能部门行文；文中需注明已经政府同意。

（3）党委、政府的部门在各自职权范围内可以向下级党委、政府的相关部门行文。

（三）平行文规则

（1）函是平行文，具有由制发机关权限决定的法律效力。

（2）函和意见作为平行文，提出的意见供收文单位参考。

（四）联合行文规则

（1）同级党政机关、党政机关与其他同级机关必要时可以联合行文。

（2）属于党委、政府各自职权范围内的工作，不得联合行文。

（五）其他行文规则

（1）一般不得越级行文；特殊情况需要越级行文的，应当同时抄送被越过的机关。

（2）党委、政府的部门依据职权可以相互行文。

（3）部门内设机构除办公厅（室）外不得对外正式行文。

四、行政文书的一般格式

行政文书一般由版头、主体和版记三个部分组成。

在行政文书中，置于版头红色反线以上的要素统称为版头；置于红色反线以下至成文日期（含）之间的各要素统称为主体；置于成文日期以下的各要素统称为版记。

（一）版头

1. 份号

份号即行政文书印制份数的顺序号，即将同一文稿印刷若干份时每份文书的顺序编号。涉密公文应当标注份号。如需标注份号，一般用6位3号阿拉伯数字，顶格编排在版心左上角第一行。

2. 密级和保密期限

涉密文书应当根据涉密程度分别标注“绝密”“机密”“秘密”和保密期限。保密期限是对行政文书秘密等级时效规定的说明。如需标注密级和保密期限，一般用3号黑体字，顶格编排在版心左上角第二行；保密期限中的数字用阿拉伯数字标注。

3. 紧急程度

行政文书送达和办理的时限要求。根据紧急程度，紧急文书应当分别标注“特急”“加急”，电报应当分别标注“特提”“特急”“加急”“平急”。如需标注紧急程度，一般用3号黑体字，顶格编排在版心左上角；如需同时标注份号、密级和保密期限、紧急程度，按照份号、密级和保密期限、紧急程度的顺序自上而下分行排列。

4. 发文机关标志

发文机关标志既可以由发文机关全称或者规范化简称加“文件”二字组成，也可以使用发文机关全称或者规范化简称。

发文机关标志居中排布，上边缘至版心上边缘为35mm，推荐使用小标宋体字，颜色为红色，以醒目、美观、庄重为原则。

联合行文时，如需同时标注联署发文机关名称，一般应当将主办机关名称排列在前；如有“文件”二字，应当置于发文机关名称右侧，以联署发文机关名称为准上下居中排布。

党的机关可以使用发文机关全称或者规范化简称作为发文机关标志，不加“文件”二字。《党政机关公文处理工作条例》取消了各级党的机关以往大量使用的发文机关全称或者规范化简称加括号标明文种的版头形式，而改用这种形式。

5. 发文字号

发文字号是发文机关按照发文顺序编排的顺序号，由发文机关代字、年份、发文顺序号组成；编排在发文机关标志下空二行位置，居中排布。年份、发文顺序号用阿拉伯数字标注；年份应标全称，用六角括号“〔〕”括入；发文顺序号不加“第”字，不编虚位（即“1”不编为“01”），在阿拉伯数字后加“号”字。

上行文的发文字号居左空一字编排，与最后一个签发人姓名处在同一行。

6. 签发人

上行文应当标注签发人姓名。签发人是在上报的行政文书中批准签发的领导人姓名。

签发人必须是本机关正职或主持工作的领导。签发人姓名平行排列于发文字号右侧。签发人姓名居右空一字；“签发人”用3号仿宋体字，“签发人”后标全角冒号，冒号后用3号楷体字标识签发人姓名。如有多个签发人，签发人姓名按照发文机关的排列顺序从左到右、自上而下依次均匀编排，一般每行排两个姓名，回行时与上一行第一个签发人姓名对齐。

（二）主体

1. 标题

标题由发文机关名称、事由和文种组成。

标题位于红色分隔线下空二行，用2号小标宋体字，可分一行或多行居中排布；标题排列应当使用梯形或菱形，不应使用长方形或沙漏形。回行时，要做到词意完整。

（1）完整结构：“发文机关名称＋事由（表明文件主要内容）＋文种”；发文机关名称和事由有时可省略；唯一不能省略的是文种。

（2）文书标题中的文种要书写正确。

（3）事由的结构：“关于……的……”（“关于”在发文机关名称后），要准确概括公文内容。

2. 主送机关

主送机关即行政文书的主要受理机关，应当使用机关全称、规范化简称或者同类型机关统称。

主送机关编排在标题下空一行，左侧顶格，回行时仍顶格，3号仿宋体字。最后一个机关名称后标全角冒号。

如主送机关名称过多导致行政文书首页不能显示正文时，应当将主送机关名称移至版记。

3. 正文

正文即行政文书的主体，用来表述公文的内容。

正文在主送机关名称下一行，每自然段左空二字，回行顶格，数字、年份不回行。正文用3号仿宋体字。

（1）正文一般由三个部分组成：缘由、事项、结尾。

（2）引文：先引标题，后引发文字号。

（3）日期：要求用阿拉伯数字写明具体的年、月、日，不能把“2005年”写成“05年”。

（4）结构层次序数：

第一层：汉字“一”；第二层：汉字加括号“（一）”；第三层：阿拉伯数字“1.”；第四层：阿拉伯数字加括号“（1）”。一般第一层用黑体字、第二层用楷体字、第三层和第四层用仿宋体字标注。

4. 附件说明

附件说明是指行政文书附件的顺序号和名称。

行政文书如有附件，在正文下空一行左空二字用 3 号仿宋体字标识“附件”，后标全角冒号和附件名称。如有多个附件，使用阿拉伯数字标注附件顺序号，如“附件：1. ××××××”；附件名称后不加标点符号；附件名称较长需回行时，应当与上一行附件名称的首字对齐。附件说明处的标题应与附件本身的标题相一致。

5. 发文机关署名

发文机关署名用发文机关全称或者规范化简称。

6. 成文日期

成文日期是指会议通过或者发文机关负责人签发的日期。联合行文时，行政文书署最后签发机关负责人签发的日期。电报则以发出的日期为准。成文日期编排在正文之下，空二行右空四字，用阿拉伯数字标全。

7. 印章

行政文书中有发文机关署名的，应当加盖发文机关印章，并与署名机关相符。电报可以不加盖印章。联合上报的行政文书，可以由主办机关加盖印章；联合下发的行政文书，发文机关都应加盖印章。

联合行文时，应将各发文机关名称排在成文日期和正文（或附件说明）之间。主办机关印章在前，两端不得超出版心，印章之间互不相交或相切；最后一个印章居中下压成文日期。有特定发文机关标志的普发性公文和电报可以不加盖印章。

8. 附注

附注说明其他事项，如公文的发放范围、政府信息公开方式、联系人和联系电话等。公文如有附注，用 3 号仿宋体字，居左空二字加圆括号编排在成文日期下一行。请示件应在附注处注明联系人和联系电话。

9. 附件

附件包含公文正文的说明、补充或者参考资料。

附件应当另面编排，并在版记之前，与公文正文一起装订。“附件”二字及附件顺序号用 3 号黑体字顶格编排在版心左上角第一行。附件标题居中编排在版心第三行。附件顺序号和附件标题应当与附件说明的表述一致。附件格式要求同正文。

如附件与正文不能一起装订，应当在附件左上角第一行顶格编排公文的发文字号并在其后标注“附件”二字及附件顺序号。

（三）版记

1. 抄送机关

抄送机关即除主送机关外需要执行或者知晓公文内容的其他机关，应当使用机关全称、规范化简称或者同类型机关统称。

行政文书如有抄送机关，一般用 4 号仿宋体字，在印发机关和印发日期之上一行、左右各空一字编排。“抄送”二字后加全角冒号和抄送机关名称，回行时与冒号后的首字对齐，最后一个抄送机关名称后标句号。

如需把主送机关移至版记，除将“抄送”二字改为“主送”外，编排方法同抄送机关。既有主送机关又有抄送机关时，应当将主送机关置于抄送机关之上一行，之间不加分隔线。

2. 印发机关和印发日期

印发机关和印发日期是指行政文书的送印机关和送印日期。

印发机关和印发日期一般用 4 号仿宋体字，编排在末条分隔线之上，印发机关左空一字，印发日期右空一字，用阿拉伯数字将年、月、日标全；年份应标全称；月、日不编虚位（即“1”不编为“01”），后加“印发”二字。

版记中如有其他要素，应当将其与印发机关和印发日期用一条细分隔线隔开。

3. 页码

页码就是行政文书的页数顺序号。

页码一般用 4 号半角宋体阿拉伯数字，编排在行政文书版心下边缘之下，数字左右各放一条一字线；一字线上距版心下边缘 7mm。单页码居右空一字，双页码居左空一字。行政文书的版记页前有空白页的，空白页和版记页均不编排页码。行政文书的附件与正文一起装订时，页码应当连续编排。

任务一　通知

学习情境

阅读以下通知，了解通知的行文特色。

关于举行庆祝中国共产党成立 100 周年暨“七一”表彰大会的通知

各党总支、直属党支部：

经公司党委研究，定于 2021 年 6 月 30 日举行庆祝中国共产党成立 100 周年暨“七一”表彰大会。现将有关事宜通知如下。

一、会议时间

2021 年 6 月 30 日（星期三）下午 14:30

微课视频

通知和通告的区别

二、会议地点

学术报告厅

三、参加人员

公司领导，全体中层以上干部，各党支部书记，各二级党组织参会代表（各 5 人），“学习强国”学习标兵、先进基层党组织代表、优秀共产党员、优秀党务工作者及“爱学爱行”视频风采展示活动、党建理论研究征文活动的获奖代表（具体由党委组织部、党委宣传部通知）。

四、会议要求

（1）请各单位通知本单位人员参会。

（2）请参会人员佩戴党员徽章，提前 15 分钟入场。

(3) 参会人员要严格遵守会场纪律，将手机关闭或调为静音，自觉维护会场秩序。

特此通知。

党委办公室

2021 年 6 月 28 日

资料来源：张竹筠．实用写作手册［M］. 北京：北京理工大学出版社，2021：167.

【情境学习任务】这是一份内容完整、要求清楚的通知。文中通知的会议时间、会议地点、参加人员、会议要求等，均具体明确。通知在工作和生活中到处可见，运用十分广泛。我们要仔细探究通知的特点、种类和写作要求，努力提高通知的撰写能力。

知识点

一、通知的概念和特点

（一）通知的概念

通知是适用于批转下级机关的行政文书、转发上级机关和不相隶属机关的行政文书，发布文件，传达要求下级机关办理和需要有关单位周知或者执行的事项，任免人员的一种行政文书。通知是行政文书中使用频率最高、使用范围最广的文种之一。

通知主要适用于以下几个方面的工作：用于指示工作、安排活动；用于批转下级机关的行政文书、转发上级机关和不相隶属机关的行政文书；用于印发本机关和本机关与其他机关联合制定的条例、规定、计划和会议纪要等文件；用于传达事项；用于召集有关单位、人员参加会议；用于公布人事任免事项。

（二）通知的特点

1. 功能的多样性

通知的功能非常丰富，可以用来布置工作、传达指示、晓谕事项、发布规章、批转和转发文件、任免干部等。但通知的规格要低于命令、决议、决定、指示等文体。用它发布的规章，多是基层的，或是局部性的、非要害性的；用它布置工作、传达指示的时候，文种的级别和行文的郑重程度明显不如决定、指示。

2. 运用的广泛性

通知的发文机关，几乎不受级别的限制。国家级的党政机关、基层的企事业单位，都可以发布通知。

通知的受文对象也比较广泛，既可以发给下级机关，也可以发往不相隶属机关。

3. 行文方向的灵活性

通知既可作下行文，也可作平行文。作下行文时，对受文对象一般会提出需要知晓、执行或办理的事项；作平行文时，内容不带指挥性、指导性，仅用于表述告知性或周知性的内容。

4. 办理执行的时效性

通知事项一般要求立即办理、执行或知晓，不容拖延。有的通知只在特定的一段时间里有效，如会议通知只在会议召开前有效。

二、通知的种类

根据内容与作用的不同，通知可分为以下几种类型。

（一）传达性通知

传达性通知是传达要求下级机关办理和需要有关单位周知或者执行事项的通知。这种通知突出地表现了通知的告晓性质，可分为以下三种。

1. 印发通知

印发通知是将本机关或与其他机关联合制定的行政文书加按语后印发给下级机关的通知。这里除行政文书中常见的意见、会议纪要和报告等，也包括法规性文件及计划、总结等应用文。它们都是印发的对象。印发通知的作用在于“公布”，印发对象将附在印发通知下。

有些行政法规和规章不宜用命令发布的，可以用印发通知。印发通知具有强制性、指挥性和决策性的特点。

2. 事项通知

事项通知是向下级机关传达需要周知或者办理事项的通知。传达事项的通知只需下级机关周知，并无强制其执行的意图与内容。传达要求办理事项的通知内容需要下级机关按要求具体执行办理，具有指示性和规范性。

事项通知的应用范围广，凡告知事项、布置工作、安排活动及设置机构等均可使用事项通知。

3. 会议通知

会议通知是传达关于召开有关会议的通知。会议通知使用范围广。

（二）指示性通知

指示性通知用于阐述政策、布置工作、答复询问等。有些行政法规和规章不宜用命令发布的，也可以用指示性通知。指示性通知具有指示性和决策性的特点。

（三）批示性通知

批示性通知包括批转式通知和转发式通知。

1. 批转式通知

批转式通知是对下级机关报送的公文加批语后转发给下级机关的通知。其特点在于上级机关对下级机关上报的公文以“批（语）转（发）”形式通知其他下级机关；其作用在于“批”。

2. 转发式通知

转发式通知是将上级机关和不相隶属机关发来的公文加转发语后转发给其他机关的通知。

“批转”的关系在于材料来源为下级，其重点在于“批”；而“转发”的材料来源于上级或不相隶属机关发来的公文，其作用在于“转”。

（四）任免性通知

任免性通知主要用于告知有关人事任免的事宜。

三、通知的结构和写作要求

（一）通知的结构

一般的通知分为标题、主送机关、正文、落款四个部分；有的正文后面会有附件。

1. 标题

（1）完全式标题。完全式标题由发文机关、主要事项、文种三个部分组成。发文机关要用全称或规范化简称，事由是通知主要内容的准确、简要概括。

（2）省略式标题。省略式标题由主要事项、文种两个部分组成，省略了发文机关，如“关于召开庆祝中国共产党成立 100 周年暨‘七一’表彰大会的通知”。发布规章的通知，所发布的规章名称要在标题的主要内容部分出现，并使用书名号，如“国务院关于印发《国务院工作规则》的通知”。批转和转发文件的公文，所转发的文件内容要在标题中出现，但不一定使用书名号，如“国务院办公厅转发教育部等部门关于进一步加快高等学校后勤社会化改革意见的通知”。

2. 主送机关

主送机关就是受文单位，应写受文单位的全称或规范化简称。根据通知内容，可以是一个单位或者多个单位，如有几个受文单位，必须按照一个合理的顺序排列。普发性通知可以省略主送机关。

3. 正文

通知的正文通常由缘由、通知事项、通知要求三个部分组成。

（1）缘由。交代制发通知的现状、原因、目的、依据、工作意图。其中，现状、原因、依据可概括事实现象，也可引述相关政策理论，即要交代清楚为什么制发该通知。过渡语常用“现将有关事项通知如下”“特此通知如下”“现通知如下”“现就有关问题通知如下”等引出通知事项。

（2）通知事项。主要写要执行或办理的事情，即要求受文单位办理、执行或应知晓的事项。一般可分条列项，把要做的工作、原则、步骤、措施和方法要求具体写出来。若事项简单，可采用一段式。

不同类型的通知，其通知事项内容有所不同。印发通知的主要内容包括批转、转发或印发的文件名称和有关要求；指示性通知的主要内容包括布置的具体工作、作出的具体指示及提出的具体要求；事项通知的主要内容包括让受文对象知晓的事情；会议通知的主要内容包括会议议题、会议时间与地点、报到时间与地点、与会人员、与会者需准备的材料等；任免性通知的主要内容包括任免人员的姓名及职务。

(3) 通知要求。通知的结尾是对执行通知事项提出希望和要求，有四种形式：一是具体阐述执行要求或希望；二是采用结尾用语“请遵照执行”“特此通知，望认真执行”等；三是其他说明；四是自然结尾。

4. 附件

批示性通知中的附件虽居于附件位置，但仍将其视为正文的组成部分。

附件的位置应置于正文下空一行居左空两字，标识“附件”及书写附件名称。不是所有通知都有附件。

5. 落款

在正文后右下方分两行写明发文单位名称、发文时间。如果在标题中已标明发文单位，落款时可以省略。

（二）通知的写作要求

1. 严遵行文规则

必须依据本组织的权限和通知的下行属性使用通知。

批转通知只能是具有相关批准权的组织才可制发，作为法定公文的通知只能下行。另外，还要注意通知与通告、通知与通报不分而错用的问题。

2. 内容明确具体

通知内容必须写得明确具体，便于收文者的理解和执行。这一要求也体现在标题的拟写上，作为法定公文的通知的标题不宜省略“公文主题”部分（即概括公文主要内容的介词词组），以便收文者一目了然。

3. 力求简明有序

通知应力求精简，不宜长篇大论。内容稍复杂的通知宜采用分条列项式结构，以求层次的条理化；简短通知虽可不用条列式写法，但也必须层次井然。

四、例文分析

【例文 2.1】

国务院办公厅关于印发《突发事件应急预案管理办法》的通知

（国办发〔2024〕5 号）

各省、自治区、直辖市人民政府，国务院各部委、各直属机构：

经国务院同意，现将修订后的《突发事件应急预案管理办法》印发给你们，请结合实际认真贯彻落实。2013 年 10 月 25 日经国务院同意、由国务院办公厅印发的《突发事件应急预案管理办法》同时废止。

国务院办公厅

2024 年 1 月 31 日

【简析】这是一份印发通知。标题事由鲜明，通知格式规范，受文机关按类别排序，正文简洁明了，说明了印发的文件的名称，并提出了执行要求。

【例文 2.2】

关于进一步深化环境影响评价改革的通知

环环评〔2024〕65 号

各省、自治区、直辖市生态环境厅（局），新疆生产建设兵团生态环境局：

为贯彻党的二十大和二十届三中全会精神，落实全国生态环境保护大会和党中央、国务院关于优化营商环境有关决策部署，深化环境影响评价改革，强化环境影响评价源头预防作用，现将有关事项通知如下。

一、改革的总体思路

统筹优化环评分级分类管理，实现环评分级管理与基层管理能力更相适应，生态环境影响重大项目由部省两级生态环境部门负责；实现环评分类管理与排污许可制度更为衔接，污染影响类建设项目环评数量大幅压减，充分发挥生态环境分区管控和规划环评对项目环境准入的指导作用，持续增强环评信息化支撑，持续提高环评文件质量，显著提升源头预防体系整体效力。

二、优化建设项目环评分级审批

（一）加强省级对重大项目环评的审批管理。除生态环境部负责审批环评的建设项目外，存在重大生态环境不利影响的项目环评原则上应由省级生态环境部门审批，包括：炼油、乙烯、钢铁、焦化、煤化工、燃煤发电、有色金属冶炼、水泥熟料、平板玻璃等工业重点领域项目，水库、引水工程、常规水电站、抽水蓄能电站、矿产资源开发、危险废物处置、围填海工程等存在重大生态影响的项目，采用新型生产工艺技术、产排污情况及生态环境影响存在较大不确定性的项目（目录详见附件 1）。对该目录外的建设项目，各省份可因地制宜对特定行业提出严格要求，不得随意层层下放项目环评审批权限。西藏、青海、甘肃、宁夏、内蒙古等省（区）生态环境影响重大的矿产资源开发等项目环评建议由省级生态环境部门审批。

（二）做好省级以下项目环评审批权限评估调整。省级生态环境部门应组织开展项目环评审批权限梳理和承接效果评估，确保与基层能力相匹配。除生态环境部和省级生态环境部门负责审批环评的建设项目外，其他编制环境影响报告书的建设项目，原则上应由地级市（市辖区）的生态环境部门负责审批项目环评。设区的市级生态环境部门原则上仅可将部分环境影响报告表审批的具体工作授权给区县生态环境部门，不得将环境影响报告书审批的具体工作授权给区县生态环境部门。省级生态环境部门应切实做好涉及集中行政审批改革的地区项目环评审批效果评估，发现行政审批局项目环评审批能力不足、质量难以把关的，应向省级人民政府提出完善建议。

三、开展优化建设项目环评分类管理试点

（一）选取部分地级市开展优化环评分类管理试点。请北京市、河北省、吉林省、福建省、广东省、四川省、陕西省等 7 省（市）生态环境厅（局）统筹考虑经济发展和环境管理水平，分别选择 2 个典型地级市（市辖区）全域开展试点工作。主要任务是在试点地市（区）探索取消部分编制环境影响报告表项目环评，制定试点行业环境准入指引，探索主要污染物总量指标优化配置，探索加强生态环境分区管控和规划环评对建设项目选址的指导服务，加强排污许可和执法监管。试点工作方案见附件 2。

（二）选取部分园区开展优化环评分类管理试点。请上海市、江苏省、浙江省、山东省、湖南省、重庆市等6省（市）生态环境厅（局）分别组织选取2－3个产业园区开展试点工作。主要任务是在试点园区探索取消部分编制环境影响报告表项目环评，组织制定完善试点园区环境准入清单，探索建立基于环境质量改善目标的园区污染物减排量、入园企业许可排放量的精准核算、优化配置和动态管理机制；探索完善排污许可管理，落实生态环境分区管控及有关规划环评关于建设项目选址要求，研究确定基于环境质量改善目标的许可排放量；强化排污许可提前服务管理，保障对试点行业项目环境准入管理的承接与补位；探索加强排污许可“一证式”监管，对无证排污、不按证排污的企业依法严肃查处。试点工作方案见附件3。

四、开展环评文件标准化编制、智能化辅助审批试点

选取北京市海淀区、浙江省杭州市、福建省厦门市、四川省成都市等4个试点地市（区），筛选工艺简单、环境影响较轻、污染防治措施成熟可靠的行业开展试点，主要任务是推进环评文件质量提升。一是实现基本信息填报标准化。通过信息化手段，实现企业在线点选、填报相关信息，辅助生成环评文件，精简环评文件编制内容，提升环评文件编制效率。二是推动选址论证智能化。集成生态环境分区管控、生态环境功能区划、要素管理等空间数据，实现企业点选建设项目地址，勾选行业类别，填写建设内容、规模等基础信息，研判项目选址是否可行，生成选址环境合理性分析内容。三是提高预测评价规范化水平。嵌套环评预测模型和参数体系，调用符合要求的自动监测数据或周边相关园区、项目监测数据，衔接工程分析内容及环境质量现状、环境敏感目标、环境基础设施等数据，在线完成环境影响预测评价。四是推进智能化辅助环评审批。梳理试点行业历史项目审批结果，形成审批规则。以环评文件为分析对象，通过智能检索引擎技术，抓取环评文件中项目位置、建设内容、关键工艺和特征污染物等关键信息，结合行业相关管理要求，进行对比分析，按照规定内容格式，生成辅助环评批复意见，供最终批复意见制定参考。试点工作方案见附件4。

五、加强组织保障

（一）加强组织领导。生态环境部将建立环评改革试点保障机制，对试点工作开展全程跟踪指导，保障工作方案见附件5。各省级生态环境部门要加强改革任务统筹实施，对于项目环评审批权限优化调整工作，要充分利用全国建设项目环评统一申报和审批系统，做好各级审批能力摸底评估，科学优化调整审批权限。承担试点工作任务的省级生态环境部门要精心组织试点地市制定试点工作方案，完善工作机制，明确工作人员，细化试点任务、工作进度、责任分工和预期成效，确保试点有序稳步推进。

（二）加强改革保障。各省级生态环境部门要深化生态环境分区管控、产业园区规划环评、建设项目环评和排污许可以及排污权交易制度衔接融合，强化园区规划环评和入园项目环境准入管理。加强技术评估能力建设，加强环评关键技术科研攻关，提升源头预防制度体系整体效力。各级生态环境部门要将承担项目环评审批的相关部门纳入政策指导、业务培训、环评文件复核、信息化监管等工作体系，确保项目环评全部在全国建设项目环评统一申报和审批系统进行受理审批，相关信息共享至投资项目在线审批监管平台，做到统一尺度、规范把关。

（三）加强环评文件质量监管。各级生态环境部门要把提升环评文件质量摆在更加突出位置，严格准入把关和监管。在审批过程中将环评单位落实环境影响评价工作程序、编制主持人全过程组织参与环境影响报告书（表）编制工作等情况纳入监管，有关档案、资

料造假或者故意违反工作程序等基础资料明显不实的，应依法严肃查处。落实信用监管机制，对信用良好的环评单位，减少复核和抽查的比例、频次，做到“无事不扰”，对纳入“黑名单”的环评单位依法禁止从业，对信用较差的环评单位，住所所在地市级生态环境部门应每年开展现场检查，确保具备基本技术能力等条件。强化责任追究，深入开展第三方环保服务机构弄虚作假问题专项整治工作，对照《关于严惩弄虚作假提高环评质量的意见》规定的典型弄虚作假情形，及时发现、严厉查处，严格落实建设单位、环评单位责任，对相关单位和责任人依法实施“双罚制”，按照《环境影响评价法》第三十二条相关规定实施终身责任追究，涉嫌犯罪的依法追究刑事责任，严肃追究技术评估单位、审批部门把关责任，并广泛开展典型案件警示教育。

（四）工作时限要求。各省级生态环境部门应于2024年10月底前，完成项目环评审批权限优化调整方案，依法报请省级人民政府作出调整规定；12月底前将经省级人民政府同意的项目环评审批权限优化调整结果报告生态环境部；涉及需要修改地方性法规或地方政府规章的，依法定程序对环评审批权限作出调整。承担试点任务的省级生态环境部门应于本通知印发后两个月内编制完成试点实施方案并报送生态环境部，于2025年9月底前报送试点工作总结报告，试点实施方案和试点工作总结报告模板见附件6。

附件：

1. 建议由省级生态环境部门审批环境影响评价文件的建设项目目录
2. 优化环评分类管理地市试点工作方案
3. 优化环评分类管理园区试点工作方案
4. 环评文件标准化编制、智能化辅助审批试点工作方案
5. 环评改革试点保障机制工作方案
6. 试点实施方案和试点工作总结报告模板

生态环境部

2024年9月13日

（此件社会公开）

【简析】这是一则事项通知。该类型通知的事项要将要求下级机关知道或办理的事情写清楚，并具体说明如何办理、达到什么目的。本通知第一段说明制发此通知的背景原因，第二至第四段说明制发通知的具体安排和要求。

【例文2.3】

国务院办公厅转发财政部、国家林草局（国家公园局）关于推进国家公园建设若干财政政策意见的通知

国办函〔2022〕93号

各省、自治区、直辖市人民政府，国务院各部委、各直属机构：

财政部、国家林草局（国家公园局）《关于推进国家公园建设若干财政政策的意见》已经国务院同意，现转发给你们，请认真贯彻落实。

国务院办公厅

2022年9月9日

（此件公开发布）

【简析】这是国务院办公厅将“不相隶属机关”（财政部等部门）的“公文”（《关于推进国家公园建设若干财政政策的意见》）加转发语后，“转发”给其他机关的转发通知。

【例文 2.4】

成都市人民政府关于×××任职的通知

各区（市）县政府，市政府各部门，有关单位：

市政府决定：×××任大熊猫国家公园成都管理分局专职副局长（试用期 1 年）。

特此通知。

成都市人民政府

2020 年 6 月 18 日

【简析】这是一份任免性通知。任免通知的正文一般分为两个部分：第一部分说明任免的依据，如“……决定”“根据……，……研究决定”，后面加上冒号，以领起正文的第二部分；第二部分写具体的任免事项，每个事项单独为一个段落。本例文简明扼要、直陈其事、一目了然，符合一般任免通知的写法。

知识拓展

通知的由来与演变

“通知”用作公文名称较晚。自秦汉到明清乃至北洋军阀政府统治期间，官府之间有事互相告知，或者上级机关告知下级机关，所使用的公文均无“通知”这一名称。国民党政府为了消除公文体制上的混乱，在此前经过五次公文调理的基础上，做了新的变动，公布了《公文程式条例修正草案》。在这次变革中取消了原来的“咨”和“任命状”，增加了“通知”和“报告”。

1949 年，华北人民政府发布的《公文处理暂行办法（草案）》，把“通知”正式列为行政文种。在实际工作中，“通知”虽广泛使用，但不够规范。为此，1981 年发布的《国家行政机关公文处理暂行办法》及 1987 年发布的《国家行政机关公文处理办法》都将“通知”列为主要文种，至今未变。

作　业

1. 指出下文中存在的主要问题。

会议通知

公司定于 5 月 12 日召开财务工作会议，现就有关事项通知如下。

一、会议地点

公司会议室

二、会议时间

2025 年 5 月 12 日

三、会议内容

贯彻落实总公司财务工作会议部署，回顾总结我公司财务工作情况，分析存在的问题，明确下阶段工作任务及思路。

2025 年 5 月 5 日

××公司

2. 今年是你校成立 100 周年华诞，学校计划开展系列庆祝活动。请你草拟一份举行学校成立 100 周年庆祝活动的通知，要求内容充实、文体规范、语言得体，字数要求 300 字。

任务二　通报

学习情境

微课视频

通报

阅读以下通报，了解通报的行文特色。

菏泽市人民政府关于表扬 2020 年度全市重点水利工程建设先进集体和先进个人的通报

菏政字〔2021〕2 号

各县区人民政府，市开发区、高新区管委会，市政府各部门、各直属机构，市属各企业，各大中专院校：

2020 年，在市委、市政府的坚强领导下，全市水务系统深入学习贯彻习近平新时代中国特色社会主义思想，科学组织、团结进取，创先争优、奋力拼搏，推动全市重点水利工程建设取得明显成效，涌现出了一批先进集体和先进个人。为表扬先进，激励创新，现对在全市重点水利工程建设中做出突出贡献的 5 个先进集体和 60 名先进个人予以通报表扬。

希望受到表扬的先进集体和先进个人珍惜荣誉、戒骄戒躁，再接再厉、再创佳绩。各级各部门要以受到表扬的先进集体和先进个人为榜样，不忘初心、牢记使命，勇于担当、积极作为，锤炼作风、砥砺前行，为全市水务工作跨越发展作出积极贡献。

附件：

1. 洙赵新河上游段和东鱼河治理河道疏挖工程先进集体
2. 全市重点水利工程建设先进个人名单

菏泽市人民政府

2021 年 1 月 14 日

（此件公开发布）

【情境学习任务】这是一份表彰先进集体和个人的通报，内容完整、重点明确。通报在工作和生活中有很重要的指导和促进作用，我们要学习通报的特点、种类和写作要求，提高撰写各种通报的能力。

知识点

一、通报的概念和特点

（一）通报的概念

通报适用于表彰先进、批评错误、传达重要精神和告知重要情况，是一种有较强的教育作用和指导作用的周知性下行文。

表扬一般性质的好人好事、批评一般性质的错误，发内部简报就可以了。假如先进事迹比较典型、错误性质比较严重，就需要发通报。告知下级机关某信息或执行某事项，一般可用通知，而要较大范围地传达重要精神或者情况则应发通报。

通报承担着“表彰先进、批评错误”的任务，因而具有奖励与告诫性质。这一点不同于通知，也不同于公告、通告。同时，通报虽然与公告、通告、通知共兼传达、告晓之功能，但四个文种各司其职。

（二）通报的特点

1. 典型性

通报的事实、事件，不论是表彰性的、批评性的，还是通报情况，都要求是典型的。典型就是具有普遍性、代表性。事实越典型，其警示和借鉴意义越大。通报的内容一般是影响较大的事件，或者是带有某种苗头的新情况、新问题。

2. 教育性

通报的目的，不仅是让人们知晓内容，而是要激励先进、警戒错误、总结经验教训。通报对先进的表彰和对错误的批评，目的在于树立学习榜样或者提供反面材料以资借鉴，使读者能够总结经验，或吸取教训，思想上得到教益。传达重要精神或情况的通报，具有加强上下级之间或部门之间的相互交流、信息共享、相互促进的作用。

3. 时效性

通报的主要事实需表述清楚，涉及特定的时间和时效。对先进的表彰和对错误的批评都要及时发布和推广，才能更好地发挥作用；具有指导性意见的情况通报，需要及时告知，才能起到更好的指导作用。

二、通报的种类

（一）表彰性通报

这类通报的内容是将具有典型意义的先进人物、事迹通报给所属系统或单位，以树立正面榜样，弘扬其优秀品质和崇高精神，或推广其先进经验和做法，以达到推动、改进工作，树立社会主义新风的目的。

（二）批评性通报

这类通报的内容是将具有错误意义的倾向、思想、言论、行为通报所属系统或单位，有针对性地提出克服错误倾向或错误言行的办法、要求，以达到引以为戒、吸取教训的目的。事故通报也属于此类通报。

（三）情况通报

这类通报的内容主要是告知重要情况，目的是互通信息和沟通情况，以增加政务透明度，以促进工作的顺利进行。情况通报多作下行文，也兼作平行文。

三、通报的结构和写作要求

（一）通报的结构

通报一般由标题、主送机关、正文、落款四个部分组成；有的正文后面会有附件。

1. 标题

（1）完全式标题。完全式标题由发文机关、主要事项、文种三个部分组成，如“××省人民政府关于表彰全省矿业秩序治理整顿工作先进单位的通报”。

（2）省略式标题。省略式标题由主要事项、文种两个部分组成，如“关于化学系实验室漏水事故的处理通报”。

2. 主送机关

通报的主送机关一般是直属下级机关，或需要了解该内容的不相隶属的单位。正式发文的通报均应写明主送机关。主送机关既可以是一个，也可以是多个。

3. 正文

通报正文一般由开头、主体和结尾三个部分组成。开头说明通报缘由；主体叙述先进事迹（或错误事实，或通报情况），说明通报决定；结尾提出希望或要求。不同的通报类型，具体写作的内容有所不同。

（1）表彰性通报。表彰性通报的写法一般包括先进事迹、先进事迹评价、表彰决定、希望和要求四个部分。

先进事迹：通报的主要内容，实施表彰的关键，决定通报教育效果强弱的根本。先进事迹的叙述，包括时间、地点、表彰对象、事迹、结果等。介绍先进事迹要注意概括得当，防止出现三种失误：无先进事迹；宣扬先进事迹时使用空洞无物的套话；叙述过于具体、详细。

先进事迹评价：体现通报主旨的重要部分，应在介绍先进事迹的基础上，画龙点睛地说明行为意义，分析评议精神实质，或概括主要经验。这部分评价要客观、恰如其分；文字要简明，不必过多议论。

表彰决定：写明领导机关对先进表彰奖励的决定；要具体、准确，言简意赅。

希望和要求：既包括对表彰对象的勉励和期望，也包括对有关方面及群众的希望和号召；要兼顾表彰对象和受文者的践行能力，语言概括、鲜明。

（2）批评性通报。批评性通报一般包括错误事实、原因分析和教训、处理决定、希望和要求四个部分。

错误事实：围绕通报批评的主要问题，叙述事实必须客观准确，如实反映情况；写明涉及的单位、人员、时间、地点、经过、结果及产生的后果和影响。问题若属有代表性的，叙述时要注意点面结合、以点衬面。

原因分析和教训：一般要针对错误事实分析原因，点明实质、总结教训、指出危害；要写得准确中肯、实事求是；分析评议要合情合理，令人信服。

处理决定：据实反映、简明扼要。有的通报为了突出问题的严重性，把这部分内容写在开头，以引起受文者的关注和警觉。

希望和要求：针对错误及教训，提出切实可行的改进措施和要求。这部分内容要写得简洁、明快。行文过程中必须注意消除被通报方的不良情绪。

（3）情况通报。这类通报内容集中，多为一事一报，写法比较灵活自如，结构因文而异，主要是据实反映情况、分析问题，有的还要针对通报的情况提出要求和希望。情况通报一般分为以下两种：分类叙述式情况通报，即将各项情况按类划分，每一类用小标题或数码标明，逐项叙述，分析情况；片段分段式情况通报，即按事情的发展过程自然分段，介绍情况。

4. 落款

在正文后右下方写明发文机关名称。如果在标题中已标明发文机关，且时间已标注在发文机关名称下面，则不再落款。

普发性通报可不写主送机关；非普发性通报必须写主送机关，发文机关和时间在落款处写明。

（二）通报的写作要求

1. 材料真实

通报的处理决定与当事人息息相关，因此撰写通报前一定要做好调查研究、核实事件细节、实事求是，以免发文后被动、失信。发文方在写作过程中尽量掌握第一手材料，同时要反复核对材料，直到每个细节都准确无误。

2. 事实典型

通报，既是为了处理和解决“点”上的问题，也是为了指导“面”上的工作。因此，通报中所写的事实必须典型，具有代表性。通报的分析评议要从事实出发，注意将人和事上升到较高的层面来认识。

3. 表述恰当

通报是对典型事件的是非曲直进行评价和认定，对重要的精神和情况予以传递，用语一定要字斟句酌、合理恰当。通报可以兼用叙述、说明、分析和议论。

4. 通报及时

通报只有及时、迅速，才能达到行文目的。无论是重要情况发生后的材料调查核实，还是通报撰写发布，都要符合时效性要求，否则事过境迁，很难引起受文者注意，达不到教育的目的。

四、例文分析

【例文 2.5】

××市法律援助案件质量评查情况通报

各县（市、区）司法局、市直各律师事务所：

为进一步加强全市法律援助案件质量管理，提高我市法律援助案件质量，切实维护困难群众的合法权益，2024 年 12 月 8 日，市法律援助中心联合市律师协会法律援助与公益委员会开展了法律援助案件质量评审活动，现将案件评查结果通报如下。

本次评查活动，评审团由法律援助案卷质量同行评估专家库抽选的律师、律师协会法律援助公益委员会部分律师、县市区法律援助中心主任及业务骨干组成，对市直律师事务所及县市区抽取的共计 160 份法律援助卷宗进行案卷质量评查。评查采取律师、县市区交叉阅卷、全面检查的方式，严格对照标准，逐项评查，量化评分，张××主任、唐××主任作为案卷评查总监察，对部分高分、低分案卷进行了复核，最终评选出得分 95 分以上的 37 份优秀卷宗，并对 6 个县市区的案卷得分进行汇总排名，前三名分别为××市、××区、××县。

通过此次活动可以看出，大部分案卷都能按照要求认真完成法律援助案件的归档工作，法律援助案件总体质量较好，卷宗材料齐全，能完整地体现出援助案件办理程序；但仍存在一些细节问题，如个别卷宗法律文书不够完善，庭审笔录、代理词等过于简单，有的县市区报送的卷宗没有按照规定结案时间范围报送，个别县市区法律援助卷宗装订极不规范等。

今后，希望各单位进一步增强为困难群众提供优质法律服务的意识，提升法律援助工作的规范化水平，提高法律援助案件的办案质量，为受援人提供更加优质高效的法律援助服务。

附：2024 年度法律援助优秀卷宗名单

××市司法局

2024 年 12 月 16 日

【简析】这则情况通报先概括地介绍了××市法律援助案件质量评审活动的情况，具体复核汇总的情况，并指出总体情况良好和部分卷宗存在的问题，最后提出要求。

知识拓展

通报与通知的区别

从通报与通知的特点和作用出发，可以看出它们的主要区别。

1. 内容范围不同

通知可以发布行政法规和规章、批转和转发公文、传达需办理和周知的事项等；通报则是表扬先进，批评错误，传达、交流重要的情况、信息。两者虽然都有告知的作用，但通知告知的主要是工作的情况，以及共同遵守执行的事项；通报则是告知正面或反面典型，或是重要精神，或是重要情况。

2. 目的要求不同

通知的目的是告知事项、布置工作、部署行动，其内容具体，要求受文者了解要办什么事、该怎样办理、不能怎样办理，有严格的约束力，要求遵照执行。通报的目的或是交流、了解情况；或是通过正面、反面的典型去教育人们，宣传先进的思想和事迹，提高人们的认识。

3. 表现方法不同

通知的表现方法主要是叙述，告知人们做什么、怎样做，叙述具体、语言平实；通报的表现方法则常兼用叙述、说明、分析和议论，有较强的感情色彩。

作　业

下面是一份批评通报，请按通报的结构和写作要求逐条指出存在的错误。

×××：

为深入贯彻落实有关规定，发动和依靠广大职工群众参加安全生产管理，建立义务消防组织，定期进行群众性的安全大检查，总结推广了一批十几年、二十几年无火灾事故的先进典型，在安全工作上取得了一定成绩。但也有一些地区和单位存在不少问题，去年在××市和××地区就发生了两起损失×万元以上的大火，使国家财产受到重大损失。现将××省商务局和××地区商务局关于火灾事故的调查处理报告摘要发给你们，请组织所属单位领导和职工进行讨论，结合本单位的安全工作实际，从中吸取教训。

当前，梅雨季节到来，希望你们抓好管理工作和开展有关宣传教育活动，加强安全工作领导，注意与水文、气象部门联系，及早采取有力措施，切实做好以防霉、防洪、防雷击为主要内容的雨季安全防范工作，确保国家、企事业单位的财产安全。

附件：××市商务局《关于××市和××公司×仓库火灾事故调查处理的报告》（摘要）

20××年×月×日

××部（公章）

任务三　报告

学习情境

阅读以下报告，了解报告的行文特色。

20××年查验接种证及补证补种工作报告

××市疾控中心：

我中心于20××年8月底前联系了我区各所学校及托幼机构，就入学新生查验接种证工作进行了沟通，并发放预防接种免疫程序表。对照接种证，各学校分管人员基本清楚什么疫苗缺针次、什么疫苗已完成接种，能正确填写各种登记表，为我们做好查漏补种工作奠定良好基础。

一、抓好接种证查验培训与宣传发动工作（略）

二、查验接种证及补种疫苗情况（略）

三、存在的问题

根据督导检查情况，我区各学校查验接种证及补证补种工作还存在以下问题。

（1）个别学校查验接种证工作开展不及时，主要是学校领导对此项工作的重要性认识不足，没有引起足够的重视，支持不够，导致此项工作一拖再拖。

（2）已开展查验接种证的单位，补证补种工作不彻底，学校没有及时督促学生及时到辖区接种门诊补证和补种疫苗。

（3）查验接种证工作宣传力度不够，我们的技术指导不到位。

在今后的工作中，我们要进一步加大宣传力度，让学校、学生及家长充分认识查验接种证工作的重要性，各级各类学校和预防接种单位要相互协作，认真落实省级有关文件指示精神，做好查验接种证的技术指导工作，及时与校方联系协商，切实做好学生接种证的补办和漏种疫苗的补种工作，防止疫苗相关疾病在学校流行，以保证正常的教学秩序。

××区疾病预防控制中心

20××年9月20日

资料来源：刘常宝．应用文写作［M］．北京：科学出版社，2014：123.

【情境学习任务】这是一份工作报告，写了查验接种证和补证补种工作的基本情况、存在的问题、今后意见等。报告的目的是让上级单位及时了解情况、掌握下情，为上级单位决策提供依据，利于接受上级的监督和指导。

知识点

一、报告的概念和特点

（一）报告的概念

报告是下级机关向上级机关汇报工作、反映情况，答复上级机关的询问的一种行政文书。

报告是陈述性上行文，在机关、企事业单位中广泛应用，作用十分突出。但在实际运用中，报告与其他“报告”也容易混淆，如调查报告、读书报告、学术报告和形势报告等。鉴别的原则只有一个，就是看文章是否符合行政文书中“报告”的定义。

（二）报告的特点

1. 单向性

报告是下级机关向上级机关汇报工作、反映情况、提出建议时使用的单方向上行文。

一般情况下，上级机关不需要给予批复。要特别注意，类似“以上报告当否，请批示”的说法是不妥当的。

2. 陈述性

报告在汇报工作、反映情况时所表达的内容和使用的语言都是陈述性的，旨在让上级机关了解情况，以取得上级机关对工作的肯定和指导。陈述性是报告的文体特点。报告的表达方式以叙述和说明为主，概括做粗线条勾勒；需要阐述观点时，可以适当议论，点到为止，不宜长篇大论。

3. 汇报性

所有的报告都是用来向上级机关汇报工作或情况的。有了下级机关的汇报，上级机关才能作出决策。

二、报告的种类

（一）工作报告

工作报告是指汇报工作的报告，包括汇报例行工作、成绩经验、问题教训及工作计划，用于下级机关向上级机关汇报完成交办事项的结果。工作报告可分为：综合工作报告，如下级机关向上级机关汇报某一阶段工作的进展、成绩、经验、存在问题及打算；专题工作报告，即针对某项工作或问题所写的报告。

（二）情况报告

情况报告是指下级机关向上级机关汇报出现的新情况、新问题，特别是突发事件、特殊情况、意外事故，以及处理情况的报告。

（三）答复报告

答复报告是指答复上级机关询问事项的报告。例如，上级机关对群众来信来访中反映的问题或文件材料中反映的问题，批示下级机关查办或询问有关情况；下级机关办理完毕，需用书面形式答复上级机关，此时使用的行政文书就是答复报告。

三、报告的结构和写作要求

（一）报告的结构

报告一般由标题、主送机关、正文、落款四个部分组成。

1. 标题

标题分为完全式标题和省略式标题。完全式标题：由发文机关、事由、文种三个部分组成。从理论上说，下级机关向上级机关行文，应当采用完全式标题，以示尊重。省略式标题：由事由、文种两个部分组成。实际操作中，标题中省略发文机关的写法较为普遍。

2. 主送机关

主送机关为具有隶属关系的上级机关或上级业务主管机关。主送机关应只有一个，如需呈送其他上级机关，应采用抄送形式。

3. 正文

报告的正文通常由发文缘由、报告事项、结尾三个部分组成。

（1）发文缘由。发文缘由要写报告的目的、根据或原因，简述报告的基本内容或基本情况。发文缘由部分的结尾常用“现将××报告如下”引出报告内容。

（2）报告事项。不同类型的报告有不同的写法。

1）工作报告：正文内容一般包括基本情况、主要成绩、经验体会、存在问题、基本教训、今后意见等。这类报告篇幅较其他类型报告长，行文时应恰当安排层次结构，既可以标出序数，分条分项陈述；也可以列小标题，分部分或分问题写。

写基本情况时可简要交代时间、背景和工作条件；写主要成绩时应把工作的过程、措施、结果和成绩叙述清楚；经验体会主要指对工作实践的理性认识，要从实际工作中概括规律，以便指导今后的工作；写存在的问题时要写出工作中的缺点与不足；写基本教训时要写工作失误的原因和值得吸取的教训；写今后意见时要写改进工作的意见，或者提出今后开展工作的建议。

不同类型的工作报告，在这些内容上各有不同的侧重点。

2）情况报告：情况报告常用于下级机关向上级机关汇报下列事项。

第一，严重的灾害、事故、案情、敌情。

第二，重要的社情、民情，如社会生活中的新动态和某项有关国计民生的新政策、新规定的贯彻执行情况及群众的反映等。

第三，督促办理或检查某项工作的情况，如财务、税收、物价、质量、安全、卫生等工作的检查结果。

第四，举办重大活动、召开重要会议的基本情况，各级各类代表会议的选举结果等。

第五，对某项工作造成的失误和问题的检讨与反思。

第六，其他重要的、特殊的、突出的新情况。

情况报告的写法不强求一致，但都要力求做到以下五点：

一是内容集中、单一，突出重点，抓住事物本质，实事求是地反映情况；

二是把情况和问题讲清楚，把事情的经过、原委、结果、性质等写明白；

三是提出处理意见和建议，要写得具体、明确、简要，尤其要注意提出意见、建议的角度，不能在报告中夹带请示事项；

四是理顺文章的思路和结构，无论是纵式结构还是横式结构，都要脉络清楚、层次分明；

五是写作要及时，以便让上级机关和有关领导尽快了解重大、特殊、突发的新情况。

3）答复报告：内容要体现针对性，有问必答、答其所问，以示负责。表述要明确、具体，语言要准确、得体，不可含糊其词、模棱两可。答复报告的正文包括答复依据和答复事项两个部分的内容。答复依据是指上级机关要求回答的问题，要写得十分简要，有时一两句话即可。答复事项是指针对所提问题答复的意见或处理结果，既要写得周全，又要注意不要答非所问。

（3）结尾。报告的结尾有以下三种写法。

1）今后的工作意见。为了配合领导工作或协助领导决策，在陈述完报告事项后，或说明今后的打算，或提出工作意见或建议。

2）总结经验或问题。报告的结尾可以对工作经验、突发事件产生的原因进行总结。

3）尾语。常用尾语有“特此报告”“专此报告”“请审阅”“请指正”等。

4. 落款

正文后右下方分两行写明发文单位名称、发文时间。如果在标题中已标明发文单位，落款时可以省略。

（二）报告的写作要求

1. 重点突出

报告既要全面反映问题，又要突出重点，做到点面结合。“点”是指典型、重点材料；“面”是指概括性的情况、一般材料。

2. 内容真实

客观真实是报告的生命。内容真实分为两个方面：一是具体材料的真实，即引用的事例、情况、数字、人名及地名均应准确无误；二是报告整体的真实，既反映事物的主流和本质，又不能以偏概全。

3. 报告中不得夹带请示事项

请示与报告不同，请示事项不能夹在报告中，要另文请示，上级要予以答复。

四、例文分析

【例文 2.6】

关于××地区××市“10·09”火灾事故调查的报告

××市人民政府：

2023年10月9日，××地区××市发生一起平房住宅建筑火灾事故，造成1人死亡。10月9日，××市人民政府办公室印发了《关于成立××市“10·09”火灾事故调查组的通知》，成立了由市人民政府副市长××担任组长，市公安局、市消防救援大队等部门有关人员组成的火灾事故调查组，对该起事故开展事故调查。事故调查组根据有关规定分组开展火灾事故调查，现将调查情况报告如下：

一、火灾基本情况

2023年10月9日02时08分，××市××镇红柳村××号民房发生火灾，该起火灾烧损××市××镇红柳村××号房间内的装修、家具等物品，火灾造成1人死亡，过火面积约84平方米。经统计，直接财产损失为96 387元（大写：玖万陆仟叁佰捌拾柒元）。

二、起火场所情况

（一）地理位置情况

起火建筑位于××市××镇红柳村××号，距离××市××路消防救援站约77千米。

（二）起火建筑情况

××市××镇红柳村××号，总建筑面积为84平方米，砖混结构，地上一层，于2006年建成农村自建住宅。

（三）建筑消防合法性手续及消防设施情况

××市××镇红柳村××号为农村居民自建住宅。

（四）物业管理情况

村××号无物业管理。

（五）人员入住情况

××市××镇红柳村××号日常只有单××一人居住，偶尔其妻子李××、儿子及女儿入住，火灾发生时，起火房屋内只有单××一人居住。该建筑属于××市××镇人民政府红柳村居委会管辖区域。

（六）消防设施器材配备情况

该起火建筑位于××市××镇红柳村，地上一层，建筑面积约84平方米，砖混结构，根据相关规范要求该建筑无须设置配备消防设施器材。

（七）人员伤亡具体情况

死者单××，男，汉族，身体健康无基础疾病。

（八）死者社会关系基本情况

（略）

三、火灾原因及成因分析

（一）调查组织情况

10月9日4时07分接警后，××市消防救援大队火灾调查值班员随警出动，待救援结束后开展现场火调勘验工作，××地区消防救援支队启动火灾事故调查预案，抽取支队2名火灾调查业务骨干成立了火灾事故调查应急小分队，开展火灾事故原因调查。现场调查设有现场保护小组、勘验小组、调查询问小组、损失核定小组。

（二）原因调查情况

1. 起火时间的认定。（略）

2. 起火部位的认定。（略）

3. 起火点的认定。（略）

4. 起火原因的认定。（略）

四、灾害成因分析

（一）装修材料耐火等级较低，火灾荷载较大（略）

（二）火灾发现不及时，报警晚，导致火灾蔓延扩大（略）

（三）消防基础设施薄弱，消防安全意识差（略）

五、火灾事故责任追究建议（略）

六、下一步工作建议

（一）强化机制，组织到位（略）

（二）工作细化，措施有力（略）

（三）行动落实，追查问责（略）

（四）火灾防控、宣传先行（略）

（五）加强和改进农村消防安全工作（略）

××市“10·09”火灾事故调查组

2024年1月4日

【简析】这是一篇事故情况报告。正文第一段简要介绍火灾造成的后果和事故调查组情况，第二段介绍火灾基本情况，第三段介绍起火场所情况，第四段进行火灾原因及成因分析，第五段进行灾害成因分析，第六段提出火灾事故责任追究建议，第七段提出下一步工作建议。报告行文简洁、层次分明、构思周密。

【例文 2.7】

××市人民政府关于治理××河水质污染问题的报告

××省人民政府：

省政府转来××委员会提出的关于××河水质污染状况的报告，经市政府调查研究，对报告中提出的有关问题及解决方案报告如下。

（一）解决××河水质污染问题的关键是尽快建成污水处理厂。现在××河的污染主要是××区排放的污水所致。××区的污水比较集中，因污水处理厂未能及时建立，致使污水直接排入××河，造成了××河的污染。

（二）为解决××河的污染，市政府已抓紧建设××区污水处理厂，争取在××××年建成。××区污水处理厂原设计概算为 8 316 万元，已于××××年××月开工，建成了 8 项附属设施，共计完成投资 200 万元。市政府今年安排的 300 万元投资已全部落实，××区××局正在组织实施。

根据××河河道以南人口密集区的地下水污染和环境问题，在污水处理厂未建成之前，利用现有污水管道，把污水引到××区污水处理厂以西，污水直接排入污水处理厂的出口，这就避开了污染区。

（三）电热厂的粉煤灰也是污染源之一。对于电热厂和储灰厂的选址，必须考虑到对地下水和环境的污染问题。选址已责成××区电热厂抓紧做工作，争取尽快报市政府有关部门审批。针对南储灰厂渗漏对地下水造成污染的问题，主要采取截流集中排放的措施，以减少对地下水的污染。

××市人民政府

××××年××月××日

【简析】这是一则答复性报告。本篇报告先写报告缘由：引述上级机关来函名称及询问问题，即行文的根据，过渡到下文。接着写报告事项：对上级机关的询问作具体的回答。该报告主要从两个方面进行答复，一是水质污染现状；二是解决污染的途径。本篇报告写得很有针对性。

知识拓展

“报告”的由来

“报告”和“请示”同属于上行文，二者起源相同，最早可追溯到古代“上书”。秦始皇改“书”为“奏”，成为臣下上书于君王的专用文书。两汉时的“疏”“状”，魏晋时的“启”，宋代以后的“申状”“呈状”等，都属于这一类文书。官府之间，下级对上级先后使用过“谍”“呈”“申状”“呈状”“禀”等文种。民国时期，仍沿用

"呈"。这种"呈"涵盖了当时上行文书，包括"报告"和"请示"。民国时期出现"报告"，但使用并不普遍，主要是下级军事机关对上级军事机关的报告，如"战斗要报""战斗详报"等。1938年晋察冀边区政府发表的《改革公文程式的理论与实际》一文中出现了"请示"的公文名称，并界定用途，但实际上常与"报告"混用。在这个文件中，把"报"定为下级机关对上级机关的通用公文名称。这样，"报告"和"请示"就取代了旧时"呈"的部分职能。

作 业

1. 修改下文。

关于20××年招生计划的申报

××省教育委员会：

教委（×发〔20××〕×号）文件《关于申报20××招生专业计划的通知》已收到，我们对文件的精神进行了认真学习，大家一致表示要落实教委的意见，积极发展高等职业教育，办好社会所需要的各种新型专业。经我校各院系研究，决定20××年申报25个专业，招收本专科学生共3 000名。特申报给你们。

附：招生计划表。

××大学

20××年××月××日

2. 根据下列材料，请你代××县××区教育局向××县教委拟写一份报告，汇报××小学发生火灾的情况。要求：按照报告规范格式写作，300字以内。

材料：

××××年1月18日晚7时50分，××县××镇××小学5间教室突燃大火并先后坍塌，大火燃烧了2个多小时，过火面积达300平方米，所幸未造成人员伤亡。

这座小学共有两排平房，其中一排的5间教室被大火吞噬，房梁坠落，先后坍塌。消防队员全力扑救，当日晚10点左右，大火被彻底扑灭。

任务四 请示

学习情境

微课视频

请示和函的区别

阅读以下请示，了解请示的行文特色。

关于交通肇事是否给予被害者家属抚恤问题的请示

最高人民法院：

据我省××县人民法院报告，他们对交通肇事致被害者死亡是否给予被害者家属抚恤的问题，有不同意见。一种意见认为，被害者是有劳动能力的人，并遗有家属要抚养的，就给予抚恤；被害者若是没有劳动能力的老人或儿童，就不给予抚恤。另一种意见认为，只要不是由被害者自己的过失所引起的死亡事故，不管被害者有无劳动能力，都应酌情给予抚恤，我们同意后一种意见。几年来，实践经验证明，这样做有利于安抚死者家属。

是否妥当，请批复。

××省高级人民法院

××××年××月××日

资料来源：刘常宝．应用文写作［M］．北京：科学出版社，2024：131.

【情境学习任务】这是一份请求指示的请示。这类请示多涉及政策、认识上的问题，请求上级机关明示。正文开门见山，先提出对交通肇事致被害者死亡是否给予被害者家属抚恤的问题有不同意见，继而申明同意的意见及同意的理由，最后提出要求，请求上级机关明确批复。全文观点鲜明、语言简洁。请示属于上行文，在行政工作中必不可少，为此我们要仔细探究各类请示的特点和写作要求，提高我们写好请示的能力。

知识点

一、请示的概念和特点

（一）请示的概念

请示是适用于向上级机关请求指示、批准的一种行政文书。请示是常用的上行文。凡是下级机关无权决定、无力解决而确需上级机关给予明确指示、批准或帮助的事项，均应以请示向上级机关行文。

请示的适用范围主要包括下面六个方面。

（1）下级机关对上级有关方针、政策、指示或法规、规章不够明确或有不同理解，需要上级机关做出明确解释和答复。

（2）下级机关从本地区、本单位的实际情况出发，需要对上级机关的某项政策、规定做出变通处理，有待上级机关重新审定、明确作答。

（3）下级机关在工作中出现新情况、新问题需要处理而无章可循、无法可依，需要上级机关做出明确指示。

（4）下级机关需要请求上级机关解决本地区、本单位的某一具体问题和实际困难。

（5）下级机关按上级机关和主管部门有关政策规定，不经请示有关部门批准，无权自行处理的问题。

（6）下级机关工作中出现了一些涉及面广而本部门无法独立解决的困难和问题，必须请示上级机关或综合部门，以求得其协调和帮助。

（二）请示的特点

1. 行文针对性

请示是针对本机关单位无权决定、无力解决的重大事项，而向上级机关行文请求给予明确指示、批准或帮助的行政文书。请示具有很强的针对性。

2. 目的呈批性

请示行文的目的是请求上级机关批复。上级机关对下级机关的请示事项无论同意与否，都必须以“批复”给予明确的答复。

3. 内容单一性

请示行文必须一文一旨、一文一事，即一份请示只写一个问题或一件事情，做到内容单一、集中，否则不利于上级机关批复。

4. 事前行文性

请示的事项必须得到上级机关指示、批准后才可付诸实施，因此必须在事前行文，不能“先斩后奏”或“边斩边奏”。

二、请示的种类

（一）请求指示的请示

此类请示一般是政策性指示，是下级机关对有关方针、政策、规定的理解或执行有不够明确、把握不准的地方，或对新问题、新情况不知如何处理，需要上级机关给予明确指示的请示。

（二）请求支持、帮助的请示

此类请示是需要上级机关给予帮助和支持的请示。内容一般涉及经费短缺、设备不足、人手不够等具体问题。下级机关遇到仅靠自身的人力、财力、物力无法解决的困难或问题时，就必须撰写请示，向上级机关请求支持、帮助。

（三）请求批准的请示

此类请示是指下级机关无权办理或决定，须向上级机关请求批准的请示。这类请示的事项，是本机关已有打算或处理意见，但无权决定和处理，需得到上级机关批准后执行的事项。

（四）请求批转的请示

这类请示一般是业务主管机关就某一全局性的问题提出解决办法，请示上级机关批转各地执行的请示。

三、请示的结构和写作要求

（一）请示的结构

请示一般由标题、主送机关、正文、落款四个部分组成，个别请示有附注。

1. 标题

（1）完全式标题。完全式标题由发文机关、事由、文种三个部分组成。本教材提倡请示标题采用完全式标题。

（2）省略式标题。省略式标题由事由、文种两个部分组成。

请示标题没有单元素形式，不能只写文种。只写发文机关与文种的标题不够明确，也是不可取的。

标题中一般不采用“申请”“请求”等词语，以免产生与文种“请示”在语意上的重复。

2. 主送机关

主送机关应为具有隶属关系的上级机关或上级业务主管机关，即负责受理请示的机关。主送机关应只有一个，如还需呈送其他上级机关，应采用抄送形式。

3. 正文

请示的正文通常由请示缘由、请示事项、结尾三个部分组成。

（1）请示缘由。请示缘由是请示正文的开头，主要交代请示的理由或根据，即“为什么要请示”。请示缘由既是提出请示事项的依据和前提，也是上级机关审批的重要根据，因此请示缘由是请示的关键和重点。请示要紧紧围绕请示事项把请示缘由写充分，做到开门见山、简明扼要、实事求是、有理有据、说明充分、条理清楚。比较复杂的请示缘由必须写明必要的事实和数据，以及不同处理意见所产生的结果。

（2）请示事项。请示事项是请示正文的主体和核心，要写清楚请求上级机关给予指示、批准或支持、帮助、解答的具体事项，即“请示什么”。请示事项要写得具体、明白，不能含糊其词，要有可行性和可操作性。如果请示的事项内容比较复杂，就要分清主次、分条列项写。

（3）结尾。结尾不能缺少结语，通常使用的结尾用语有“妥（当）否、请批复”“特此请示，请批复”“以上请示如无不妥，请批准”“妥否，请审批”“当否，请批示”等。

4. 落款

在正文后右下方分两行写明发文单位名称、发文时间。

5. 附注

为方便上级机关及时联系，有些请示还要加上附注，即在成文日期下一行，用圆括号注明联系人姓名和电话。

（二）请示的写作要求

1. 一文一事

一份请示只能写一件事，这既是规定，也是实际需要。如果一文多事，很可能导致上级机关无法批复。

2. 单头请示

一份请示只主送一个上级机关，不能同时主送两个及以上上级机关。如确有需要，对有关机关可用抄送的形式，这样可以避免出现相互推诿、扯皮的现象。受双重领导的机关向上级机关请示工作时，要根据请示内容的性质，主送一个上级机关，抄送另一个上级机关。

3. 不越级请示

请示与其他公文一样，一般不越级请示；如果因情况特殊或事情紧急必须越级请示时，要同时抄送越过的上级机关。请示一般不直接送领导个人，除非是领导直接交办的事项。

4. 不得抄送下级机关

请示是上行文，不得同时抄送下级机关，更不能要求下级机关执行上级机关未批准的事项。

5. 语气缓和，用词得当

请示的语气要缓和，语言要精练，用词要得当，表述有分寸；切不可言辞过激、口气生硬。

四、例文分析

【例文 2.8】

关于将×× 区 ××× 27 楼房产及土地抵押的请示

××区财政局：

我公司按照××区政府规划，参与建设××金融街，目前工作正在进行，因资金周转出现问题，拟向××××银行××支行贷款 1 500 万元。为完善贷款手续，现需将我公司所属××区×××27 楼房产 2 389.5 平方米及土地 2 389.5 平方米作为贷款抵押物抵押给××××银行××支行，抵押期 2 年。

妥否，请批复。

××市××区国有资本投资公司

20××年 8 月 31 日

【简析】这份请求批准的请示，正文用两句话说明请示的内容：第一句说明请示缘由；第二句陈述请示事项。结尾提出请求。全文陈述有据、文字简洁，事项明确清楚。

知识拓展

请示与报告、申请书的区别

1. 请示与报告的区别

（1）文种性质不同。请示内容具有请求性，是下级机关向上级机关请求指示和批准的公文，具有请求的性质。而报告具有陈述性，是下级机关向上级机关汇报工作、反映情况、答复询问的公文。

(2) 行文目的不同。请示的目的是下级机关请求上级指示、批准、解决具体问题，要求做出明确批复，求复性强；而报告的目的则是下级机关让上级知道、掌握某方面或某阶段的情况，不要求批复。

(3) 行文时机不同。请示具有超前性，下级机关在事前行文，等上级机关作了批复后，才能付诸实施；而报告则可在事中、事后行文，一般不事前行文。

(4) 写法不同。请示请求事项单一，一文一事；而报告容量可大可小，既可以一文一事，也可以一文数事。

2. 请示与申请书的区别

(1) 文种性质不同。请示是下级机关向上级机关请示指示和批准的法定公文；而申请书是个人或单位向有关部门、组织、团体提出某种要求或申请解决某个问题而使用的日常文书。

(2) 行文范围不同。请示范围窄——请示的作者必定是法定机关、团体；申请范围宽——申请的作者既可以是机关、团体，也可以是个人。

(3) 行文前提不同。如果所要求的事项是有明文规定过的或有先例的，就用申请，即下级机关根据业务或事务需要，按规定完成法律程序向上级机关或职能部门、管理机构、组织、社团说明理由，提出申请；而下级机关在工作中出现新情况、新问题需要处理而无章可循、无法可依，需要上级机关作出明确指示或批准，即不知道怎么做时用请示。

(4) 行文要求不同。机关、团体或个人向有关方面递交申请，有时必须按规定出具或提交证明、证件、文件等；而请示则没有这方面的规定。

作业

1. 指出下文中存在的主要问题。

××县地税局重建税务所办公大楼的请示报告

××地区税务局、城建局、国土局：

我局所属××乡、××镇、××镇的三个税务所，因被洪水冲毁，现决定重建三个税务所办公楼三幢，建筑面积 1 200 平方米，用于办公室和职工宿舍。共需资金 150 万元，征地 5 亩。

妥否，请批转。

2025.7.12（公章）

2. 公司某部门计划开展秋游活动，经费已纳入年初该部门工会活动预算中，现需向公司请求批准后方可使用。请你代该部门草拟这份请示，要求内容充实、文体规范、语言得体，300 字左右。

任务五 函

学习情境

阅读以下函，了解函的行文特色。

关于联系安排学生实习的函

××××职业技术学院字〔20××〕9号

××××电子有限公司：

根据我院教学培养计划要求，每位学生都必须参加毕业实习这一重要教学环节，以此检验学生对专业知识的实际运用能力，为将来正式走向工作岗位打下良好的基础。为此，我院拟组织毕业生到贵公司参加毕业实习，现将有关情况函告如下。

一、实习时间

20××年3月13日至20××年6月13日，共三个月。

二、实习对象和人数

××专业20××级学生，共35人。

三、实习要求

请贵单位结合学生所学专业特长与贵单位的实际情况给予安排实习，使他们能参与某些业务的具体操作。学生通过亲身参加组织管理工作和参加一定的主要工种实际操作，增强劳动观念，获得技术与管理方面的实际生产知识，进一步巩固、加深所学的理论知识，扩大知识面，培养运用所学知识解决实际问题的能力。

四、实习管理

学生与贵公司的员工一样，由贵公司领导和管理，贵公司应对学生加强纪律与安全方面的教育。实习结束后，请根据学生的学习态度和工作成绩，填写实习鉴定表，给予实习评语。

五、实习待遇

贵公司应为学生提供食宿上的方便，每月给予每位学生600～800元人民币的交通和伙食补贴。

可否，请函复。

××××职业技术学院

20××年2月25日

资料来源：甘敏军．应用文写作教程［M］．北京：高等教育出版社，2011：65.

【情境学习任务】这是一则商洽函。正文的缘由部分开门见山、直陈要旨，以过渡语“现将有关情况函告如下”引出五个方面的具体事项和要求，以结尾用语“可否，请函复”作结。本函语言得体，事项明确具体。函的使用范围非常广泛，使用灵活方便。我们要仔细探究各类函的特点和写作要求，提高自身的写作能力。

知识点

一、函的概念和特点

（一）函的概念

函是不相隶属单位之间相互商洽工作、询问和答复问题，或者向业务主管单位（不相隶属）请求批准事项时使用的公文。

函是公文中的一种平行文种，其适用范围相当广泛，主要适用于以下四种情况。

（1）平级机关或不相隶属单位之间的商洽、询问和答复。

（2）向无隶属关系的业务主管单位请求批准有关事项。

（3）业务主管单位答复或审批无隶属关系的单位请求批准的事项。

（4）机关单位对个人的回复，如答复群众来信等。

（二）函的特点

1. 适用范围广泛

函的适用范围广泛，使用灵活方便。平行单位或不相隶属单位之间相互往来公文，不受级别限制，既可用于相互商洽工作、询问或答复问题，又可用于向业务主管单位请求批准事项及业务主管机关审批或答复事项。

2. 内容单纯具体

函的书写遵循一文一事的原则，不能一文多事，不需要在原则、意义上进行过多阐述；要涉及具体的人、具体的时间和具体的事项。

3. 格式灵活简便

除国家高级机关的重要函必须按照公文的格式要求和写法书写外，一般的函在格式上的要求比较灵活、写法较自由、行文的限制较少。

4. 沟通关系平等

函主要体现了双方平等沟通的关系，这是其他所有的上行文和下行文所不具备的特点。即使是向业务主管单位请求批准，在双方不是隶属关系的时候，函所涉及的姿态、措辞、口气都要体现平等沟通的特点。

二、函的种类

（一）商洽函

商洽函是指不相隶属单位之间商洽工作、联系有关事宜的函。

（二）询答函

询答函是指不相隶属单位之间相互询问和答复有关具体问题的函。

询答函又分为两种。

1. 询问函

就不明确的问题向有关单位和部门询问，是询问函。

2. 答复函

对有关单位和部门所询问的问题做出解释答复，是答复函。

（三）请批函

请批函是指用于向业务主管单位请求批准某一事项的函。

（四）告知函

告知函是指告知不相隶属机关有关事项的函；对方收到函件后一般不必回复。

三、函的结构和写作要求

（一）函的结构

函一般由标题、主送机关、正文、落款四个部分组成。

1. 标题

（1）完全式标题

完全式标题由发文机关、事由、文种三个部分组成，如“××省××厅关于商洽委托代培涉外秘书人员的函”。

（2）省略式标题

省略式标题由事由、文种两个部分组成，如“关于拨款举办大学生艺术家活动的函”。

2. 主送机关

主送机关即受理函件的机关、单位。注意，应写主送机关的规范全称。

3. 正文

函的正文通常由开头、事项、结尾三个部分组成。

（1）开头。函的开头主要先写明发函的原因、依据，然后用“现将有关问题说明如下”“现将有关事项函复如下”等承启语转入下文。答复函常用的发函原因是“××日来函收悉”。商洽函、请批函的发函原因写明商洽、请批某事的理由即可。

（2）事项。事项是函的主体，写明商洽、请批、答复的具体内容。函的事项部分内容单一，一函一事，行文要直陈其事。无论是商洽工作，询问和答复问题，还是向业务主管机关请求批准事项等，都要用简洁得体的语言把需要告诉对方的问题、意见叙述清楚。

（3）结尾。结尾通常应根据函询、函告、函商或函复的事项，选择运用不同的结尾用语，一般用礼貌性语言向对方提出希望：或请对方协助解决某一问题；或请对方及时复函；或请对方提出意见；或请业务主管部门批准等，如“请即复函”“特此函告”“特此函复”等。

4. 落款

在正文后右下方分两行写明发文单位名称、发文时间。

（二）函的写作要求

1. 开门见山，直陈其事

无论是何种形式的函，行文都要开门见山、简短明快、直陈事项、点到即止，切忌转弯抹角，写空话、套话，不要借题发挥、大发议论。

2. 一事一函，突出中心

函一般比较短小，一份函围绕一件事，内容单一，便于对方回复。

3. 语言规范，表述得体

发函要使用平和、礼貌、诚恳的语言，对业务主管机关要尊重；对不相隶属机关要平和。切忌使用生硬、命令性的语言，更不要有以势压人或强人所难，也不必逢迎恭维、曲意客套。语言要准确简明，避免含糊笼统。

四、例文分析

【例文 2.9】

××市高等职业技术学院关于了解对外汉语教师资格培训班有关情况的函

××大学：

据报载，贵校将于今年起开办对外汉语教师资格培训班。有些情况我院了解得不太具体，如何时招生、招收名额、开设课程、报名条件及收费等，望贵校告知，以便我院选派合适人员参加学习。

上述事宜，敬请函告。

××市高等职业技术学院（盖章）

2024 年 6 月 6 日

【简析】这是一则询问函，是不相隶属单位在需要了解某些情况或信息时，向相关单位发出的请求解答或提供信息的函件。本文格式规范，询问内容明确具体，语言得体礼貌。

【例文 2.10】

××电子有限公司关于同意安排学生实习的复函

××职业技术学院：

你院《关于联系安排学生实习的函》（××职院字〔2024〕9 号）收悉，经研究，现函复如下：同意贵院××专业 2021 级学生到本公司实习，实习学生的食宿由本公司安排，食宿费用自理，本公司每月给予每位实习学生 800 元人民币的交通和伙食补贴。望贵院尽快组织好学生前来实习，其他事宜贵院可来人面谈。

特此函复。

××电子有限公司

2024 年 3 月 5 日

【简析】这是一则针对去函的答复函。开头首先引用对方来文的标题及发文字号，说明发函的原因，接着以承启用语“现函复如下”引出答复的具体事项，最后以结尾用语“特此复函”作结。本文语言得体，文字简洁，答复事项明确具体。

【例文 2.11】

关于拟录用 2024 届应届毕业生的函

××省××厅：

根据中共××省委××部、××省××厅《关于 2024 年省级机关录用应届高校优秀毕业生的通知》规定，我们对拟录用到我厅机关工作的应届毕业生按规定程序进行了统一考试、面试、体检、政审。经厅党组研究，拟录用 2024 届毕业生 12 名。现将有关录用审批材料报上，请审批。

附件：录用审批材料 12 份（略）

××省××厅

2024 年 8 月 8 日

【简析】这是一则请批函。正文语言得体，文字简洁，先写发函的背景、依据，继而写做法、态度，最后结尾用语提出请求。将 12 份材料作为附件，能够节约正文篇幅，处理得很巧妙。

【例文 2.12】

××省人民政府办公厅关于××省人民政府驻××办事处更名的函

××省人民政府办公厅：

根据工作需要，我省确定，将××省人民政府驻××办事处更名为××省人民政府驻××办事处。特此函告，并请协助办理有关登记注册手续。

××省人民政府办公厅

××××年××月××日

【简析】这是一则告知函，是对外正式宣告单位名称变更的法律文件。正文事由部分开门见山、言简意赅，内容正式规范、信息完整，最后函告协助办理事宜。

知识拓展

函和请示、批复的区别

一、函和请示的区别

函用于请求批准时与请示的区别：请示用于向具有隶属关系的上级机关和在某一职能上受其管理的级别高于自己的上级职能机关请求批准；而函则用于向无隶属关系、级别平等，但在职能上受其管理的机关（即业务主管单位）请求批准。

二、函和批复的区别

函用于答复请批函时与批复的区别：批复用于答复下级的请示，属于下行文；而函用于答复无隶属关系、级别平等，但在职能上受本单位管理的有关单位的请批函。有时，下级机关向上级机关请示，上级机关授权其职能部门（与请示机关级别相等）代为答复，应当用函，不能用批复。

作　业

1. 指出下文中存在的问题。

关于要求报价的函

×××茶厂经理：

我们对你厂生产的绿茶很感兴趣，十分想买一批君山毛尖茶。我公司要求不高，只要求该茶叶品质一级，规格为100克一包，望你厂能告知单价报价和交货日期、结算方式等给我公司。

如果价钱合理，且能给予最好的折扣，我们将做到大批量订货。

致礼！

××副食品公司

2024年3月8日

2. 请代××职业技术学院向××市园林和绿化管理局拟写一份请批函，要求内容充实、文体规范、语言得体，300字左右。

任务六　纪要

学习情境

阅读以下纪要，了解纪要的行文特色。

××学院学生思想状况分析座谈会纪要

时间：××××年××月××日14:00

地点：本院小会议室

主持人：副院长××（主管政治思想教育工作）

出席者：各系党总支书记、政治辅导员、班主任、学生会成员

现将座谈会情况纪要如下。

一、××副院长传达了省教育厅领导《关于认真加强学生思想政治教育工作，注重分析当前学生的思想状况》的讲话精神；××副院长对学生的思想状况作了分析，认为当前学生的思想状况总体是健康的、向上的，但也存在一些较突出的问题。（略）

二、人文系党总支书记×××同志说，当前青年学生思想比较活跃，愿意思考问题，这是主流形态。但当前在部分学生中也存在重技能轻理论、重实用轻人文的问题。

三、××班党支部书记在汇报学生思想状况时，指出有些同学没有处理好学习与兼职的关系，严重影响了学习成绩。

四、经贸系政治辅导员×××老师谈到个别学生存在怕露贫而不愿申请经济困难补助的心理。（略）

资料来源：甘敏军．应用文写作教程［M］．北京：高等教育出版社，2011：70．

【情境学习任务】这一则纪要摘录了与会者符合会议中心议题的发言要点。这种写法最大的特点是把具有典型性、代表性的言论加以整理，按一定的排列关系排列成文。这种写法能较真实地反映会议的讨论情况和与会人员的意见，适用于座谈会、讨论会和研究性会议纪要。这种纪要的观点出自个人，具体而真实，具有较强的资料价值。在我们的工作和学习中，少不了要参加一些会议，此时要做好会议记录并整理。

知识点

一、纪要的概念和特点

（一）纪要的概念

纪要是记载会议主要情况和议定事项的一种行政文书，是根据会议记录、会议文件、会议的其他有关资料归纳整理而成的。

纪要适用于记载、传达会议情况和议定事项。其主要作用是沟通情况、交流经验、统一认识、指导工作。纪要可以多向行文，既可上传又可下达，被批转或被转发至有关单位遵照执行，适用范围广泛。

（二）纪要的特点

1. 纪实性

纪要是根据会议的核心内容、议定事项、决议结果等整理而成的行政文书。它是对会议基本情况的纪实。记录者既不能改动会议议定的事项，也不能随意改动会议上达成的共识和形成的决定，更不能对会议内容进行评论。纪要必须真实、准确地体现会议情况和会议精神。

2. 概括性

纪要是围绕会议主旨及主要成果，依据会议材料、与会人员的发言及会议简报等整理、提炼和概况而成的，而不是将会议所有内容逐一记录。

3. 指导性

纪要除具有凭证作用、资料作用之外，多数纪要还具有指导工作的作用。它要传达会议情况、会议精神，要求与会单位和相关部门以此为依据开展工作，落实会议的议定事项。

二、纪要的种类

根据写法的不同，纪要分为三种类型：分项式（条项式）纪要；综述式（概述式）纪要；摘要式纪要。

按照会议内容和性质的不同，纪要可以划分为决议性纪要、研讨性纪要、协议性纪要，以下详述这三种类型的纪要。

（一）决议性纪要

它主要记载和反映领导层在会议上研究决定的事项，如关于一些重大问题、某些政策措施和人事安排等方面的决定，作为传达和部署工作的依据，对今后的工作具有指导作用。

（二）研讨性纪要

这类纪要是对座谈会、经验交流会、专业会、学术研讨会等研讨问题的情况、学术理论的探讨结果的摘要，以阐明各方的主要观点、意见或情况。

（三）协议性纪要

协议性纪要主要记载双边或多边会议达成的协议情况，以便作为各方执行公务和履行职责的依据，对今后协调各方的工作具有约束作用。

三、纪要的结构和写作要求

（一）纪要的结构

纪要一般由标题、正文两个部分组成。

1. 标题

（1）单式标题。

1）“会议名称＋文种”，如“×××委员会成立大会会议纪要”。

2）“事由＋文种”，如“关于××地区拆迁安置房建设工作会议纪要”。

3）“发文机关＋事由＋文种”，如“×××公司关于研究城市轨道交通关键技术有关问题的会议纪要”。

（2）复式标题。

复式标题由正、副标题组成。正标题通常概括会议内容或精神，副标题标明会议名称和文种，如“推行责任制——××厂职工座谈会纪要”。

完全式标题由发文机关、事由、文种三个部分组成，如“×××公司关于商洽委托代培涉外秘书人员的会议纪要”。

（3）省略式标题。

省略式标题由事由、文种两个部分组成，如“关于拨款举办大学生艺术家活动的会议纪要”。

2. 正文

纪要的正文通常由概述、主体、结尾三个部分组成。

（1）概述。概述部分先交代会议的名称、时间、地点、主持人、主要议程、参加人员、会议形式及会议主要的成果，然后用“现将这次会议研究的几个问题纪要如下”或

“现将会议主要精神纪要如下”等承启用语引出下文。

（2）主体。主体部分主要记载会议情况和会议结果。写作时，主体部分要紧紧围绕中心议题，把会议的基本精神，特别是会议形成的决定、决议，准确地表达清楚。对于会议上有争议的问题和不同意见，必须如实予以反映。纪要应注意跟进中心议题，着重把会议形成的决定、决议的具体内容表述清楚；主体内容应侧重会议的指导思想，全面介绍会议的基本情况。

（3）结尾。结尾部分提出希望、号召，对会议评价或向会议主持单位致谢等结尾也可采用秃尾形式结束。

（二）纪要的写作要求

1. 做好会议记录，全面掌握会议情况

纪要是对会议全部材料的概括、综合和提炼，写作者撰写纪要前必须认真做好会议记录，广泛收集会议材料，全面掌握会议情况；应认真研究会议精神，以便对材料正确取舍，合理删减。

2. 忠于会议内容，反映会议全貌

纪要是对会议情况与决定事项完整而系统的报道，是对会议成果的如实记录和集中反映。撰写会议纪要时既可以对会议全部材料进行概括、综合和提炼，也可以对与会者的发言进行归纳、概括、适当删减，但绝不能凭空增添内容或篡改原意。

3. 抓住要点，突出会议主题

写作者要紧紧抓住会议中心议题和围绕中心议题所做的决定来写，既要反映会议全貌，又要集中反映会议精神、突出会议的主题，不要把所有的会议材料都纳入纪要。

4. 层次清晰，条理分明

纪要常常以“会议”为第三人称来记述会议内容，各个层次（部分）除可用小标题或序数表示外，还可以在每个层次（部分）或段落的开头使用“会议认为”“会议提出”“与会者一致认为”“会议强调”“会议决定”“会议要求”“会议希望”“会议号召”等纪要的习惯用语，起强调作用，使全文条理分明。

知识拓展

会议记录与会议纪要的区别

一、对象不同

会议记录一般是有会必录。正式会议都要做会议记录，作为内部资料，是用于存档备查及进一步研究问题和检查总结工作的依据。会议纪要主要记述重要会议情况，只有当需要向上级机关汇报或向下级机关传达会议精神时，才有必要做会议纪要。

二、写法不同

会议记录作为客观纪实材料，无选择性、提要性，原原本本地记录原文原意，且

必须随着会议进程进行，越详细越好。会议纪要有选择性、提要性，不一定要包容会议的所有内容，而且必须在会议结束后，在会议记录的基础上加工而成。它集中反映了会议的精神实质，具有高度的概括性和鲜明的政策性。

三、作用不同

会议记录不具备指导工作的作用，一般不向上级机关报送，也不向下级机关分发，只作为资料和凭证保存。会议纪要只要经过上级机关审批，就可以作为正式文件印发，有的还直接在报刊上发表，让有关单位贯彻执行。

四、性质不同

会议记录是记录会议情况的文件，只是原始材料，不是正式公文，一般不公开，无须传达或传阅，只作为资料存档；会议纪要是正式的公文，通常要在一定范围内传达或传阅，要求贯彻执行。

作 业

1. 指出下文中存在的问题。

××公司××座谈会纪要

现将××座谈会会议纪要如下：

（一）××总经理传达了集团公司总的战略精神，强调本次座谈会的目的是通过会议加强沟通、配合，改进工作作风，统一认识，明确方向，增强信心，拓展思路，提升管理水平，在竞争中保持企业生命力。

（二）××副经理强调各部门负责人要有大局意识、前瞻意识、团队意识和学习意识。充分发挥部门成员的工作积极性和团队力量。部门与部门之间要有配合意识，敢于面对不足、互相学习，多沟通，多提建设性意见，抢时间夯实管理基础，使企业不丧失竞争力。

（三）××副经理汇报近期各部门干部学习情况，并对后期学习安排进行部署。

××公司

××××年××月××日

2. 校学生会召开学生会中高层会议，讨论校园文化建设问题。你作为校报记者应邀参加，你要先做会议记录，然后将会议记录整理成会议纪要，要求内容充实、文体规范、语言得体，300 字左右。

项目三　事务文书

内容提要

本项目介绍了计划、总结、调查报告、活动策划书、简报等事务文书的概念、特点及写作要求。

思维导图

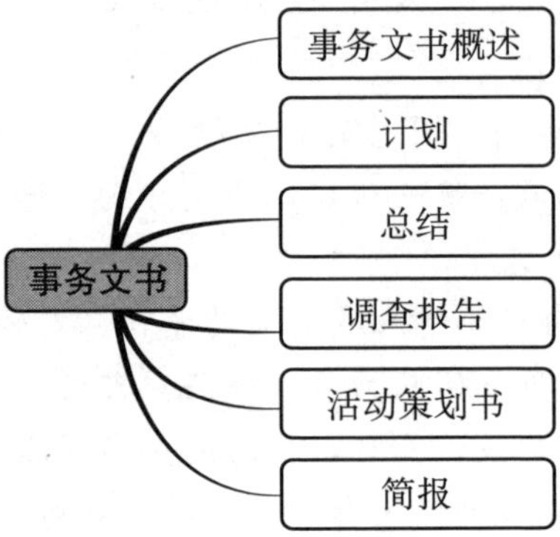

学习目标

- **素质目标：**

1. 培养严谨认真、条理清晰的工作态度，在撰写事务文书时注重细节，确保内容准确无误；

2. 提升逻辑思维能力，能够有条理地组织文书内容，使文书结构合理、层次分明；

3. 增强信息收集与整合的能力，学会从多渠道获取相关资料，并有效地运用到文书写作中。

- **知识目标：**

1. 精准掌握计划、总结、调查报告、活动策划书、简报等事务文书的基本概念，能够清晰界定不同文书的适用范围；

2. 深入理解各类事务文书的特点；

3. 牢记特定事务文书的格式规范；

4. 熟知书写事务文书时在内容、语言、逻辑等方面的注意事项。

● **技能目标：**

1. 能够根据实际需求，独立撰写高质量的计划、总结、调查报告、活动策划书、简报等事务文书；

2. 具备对已完成的事务文书进行自我检查与修改的能力；

3. 能够在撰写事务文书过程中，根据不同受众和目的，灵活调整文书的风格和内容重点。

项目导入

在丰富多彩的校园生活与学习进程中，同学们需要处理各式各样的事务。例如，新学期伊始，为了合理安排学习时间、高效提升专业知识与技能，同学们需要制订详细的学习计划，规划好每门课程的预习、复习安排及课余学习拓展方向；在参与社团组织的一系列活动后，为了向社团成员和指导老师全面汇报活动成果与自身收获，就必须撰写总结，梳理活动中的经验与不足；当同学们针对校园内的一些现象，如食堂就餐满意度、图书馆资源利用情况等展开调研时，为了清晰地呈现调研结果，为学校改进工作提供有力依据，需要撰写调查报告；倘若同学们打算组织校园文化节活动、学术讲座或者志愿服务活动，为了确保活动顺利开展，从前期筹备到现场执行每一个环节都井井有条，就不得不精心撰写活动策划书，明确活动主题、流程、人员分工等关键要素；另外，在社团日常运作或班级内部交流中，为了及时向有关人员传达重要信息、活动进展等内容，让大家快速了解动态，还会用到简报，以简洁明了的方式呈现核心要点。

这些事务文书对于同学们而言至关重要，且各自有着特定的写作规范与要求。那么，我们该如何精准、规范地撰写这些事务文书，以更好地满足学习、生活和未来职业发展的需求呢？

事务文书概述

一、事务文书的概念

事务文书是机关、团体、企事业单位在处理日常事务时用来沟通信息、安排工作、总结得失、研究问题的实用文体，在实际工作和生活中应用极为广泛。事务文书主要用于处理单位内部的具体事务，如工作计划、工作总结、述职报告等，旨在提高工作效率，促进单位内部的信息流通与协作。

二、事务文书的种类、特点和写作要求

（一）事务文书的种类

（1）计划类：包括规划、计划、安排、设想、方案等。

（2）总结类：包括工作总结、经验总结等。

（3）报告类：包括述职报告、调查报告等。

（4）策划类：包括活动策划书等。

（5）简报类：包括传递某方面信息的简短的内部小报等。

（二）事务文书的特点

1. 内容的实用性

事务文书的写作目的在于解决实际问题，具有很强的实用性。例如，产品推广方案是为了推动产品销售而制定的具体措施。

2. 格式的灵活性

相较于法定公文，事务文书格式较为灵活，没有固定的格式要求。

3. 制发的程序性

事务文书虽然不像公文那样有严格的制发程序，但通常也需要经过起草、审核、批准等环节，以确保质量和有效性。

4. 较强的时效性

许多事务文书是针对特定时期或特定事项撰写的，具有较强的时效性，如市场调研报告，必须反映当下市场的最新情况。

（三）事务文书的写作要求

1. 内容真实准确

无论是数据、事例还是分析结论，都要确保真实可靠、经得起检验。例如，撰写工作总结时，不能夸大成绩、隐瞒问题。

2. 语言简洁明了

事务文书中的语言应简洁、易懂，避免使用冗长复杂的表述，避免使用生僻词汇和过多的修饰语。

3. 条理清晰分明

合理安排文章结构，运用小标题、序号等使层次更加清晰。例如，在写工作计划时，可按时间顺序或工作板块依次阐述。

4. 针对性强

撰写事务文书前应明确写作目的和受众，根据不同的需求和对象，调整内容和表达方式。例如，向上级机关汇报工作的报告与向下级机关传达工作安排的通知，写法和侧重点就有所不同。

任务一 计划

学习情境

新学期开始，学校社团联合会要求各社团制订本学期的活动计划。作为书法社团的负责人，我深知制订一份详细且合理的计划对于社团发展的重要性。社团成员热情高涨，都希望能在本学期开展丰富多彩的书法活动，提高书法水平。于是，我组织社团干部们召开了一次会议，共同商讨活动计划。我们分析了社团成员的书法基础和兴趣方向，结合学校的教学安排和节假日，初步确定了要举办书法讲座、校内书法比赛、社区书法公益活动等。接下来，我就要根据会议讨论的结果，撰写书法社团本学期的活动计划。

【情境学习任务】 新学期伊始，社团会面临制订活动计划的重要任务。一份详细且合理的计划对于激发社团成员热情、提升社团凝聚力非常重要。在计划中，社团要综合考虑社团成员的书法基础、兴趣方向及学校的教学安排和节假日情况，精心策划书法讲座、校内书法比赛和社区书法公益活动等。

知识点

一、计划的概念和种类

（一）计划的概念

计划是机关、团体、企事业单位或个人，为了实现一定时期的目标和任务，对未来一段时间内的工作、学习、生活等活动进行预先安排而形成的一种事务性文书。它是对未来行动的规划和指南，有助于明确方向、合理安排资源、提高工作效率，确保各项活动有序开展，从而达成预期目标。

（二）计划的种类

一是按内容分，主要包括工作计划、学习计划、活动计划等；二是按时间分，主要包括长期计划、中期计划、短期计划等；三是按范围分，主要包括国家计划、单位计划、个人计划等。

二、计划的结构和写作要求

（一）计划的结构

计划通常由标题、正文和落款三个部分组成。

1. 标题

标题是计划的开头，主要包括单位名称（或个人姓名）、适用期限和文种名称等要素，有的标题还需要点明计划的内容要点。标题的形式灵活多样，如“2023 年个人学习计划”等。

2. 正文

正文是计划的核心部分，详细阐述了计划的具体内容和实施步骤。正文一般由前言（或背景）、主体和结尾三个部分构成。前言简要说明制订计划的指导思想、依据、意义及本单位的基本情况或总目标；主体明确写出要达到的目标和任务（即“做什么”），以及实现这些目标和任务的具体措施和步骤（即“怎么做”）；结尾既可以提出执行要求，也可以展望实施前景。有的计划主体内容表述完毕全文就结束了，无需结尾。

3. 落款

落款包括署名（即制订计划的单位名称或个人姓名）和日期两项内容。如果标题中已经标明了单位名称或个人姓名，落款中就可以不署名。

（二）计划的写作要求

1. 明确目标

计划的目标应该具体、明确，具有可衡量性和可达成性。同时，目标还需要与整体战略或上级指示保持一致，确保计划的方向正确。

2. 细化措施

写作者要将目标分解为具体的步骤和措施，应确保每一步都清晰明了、易于执行。措施应该具有可操作性和可行性，能够切实推动目标的实现。

3. 合理分配资源

写作者要根据工作需求合理分配人力、物力、财力和时间等资源，确保资源的有效利用；同时，还需要考虑资源的约束条件，如预算限制、人员配备等，以便在计划实施过程中进行适当调整。

4. 注重时间管理

写作者要制定详细的时间表，合理安排工作进度，确保按时完成任务。时间管理方法包括优先级管理法和时间矩阵法等方法，以更好地掌控时间和资源。

5. 风险评估与应对

写作者要对可能出现的风险进行评估，并制定相应的应对措施。这有助于在计划实施过程中及时应对突发情况，减少损失。

6. 保持灵活性

计划要具有一定的灵活性，以便在遇到突发情况时能够及时应对；同时，有关人员还需要定期回顾和评估计划的执行情况，根据实际情况进行必要的修改和完善。

三、例文分析

【例文 3.1】

本学期书法社团活动计划

一、活动目标

（1）提升社团成员书法技艺，使社团成员能熟练掌握不同字体的书写技巧，增强对书法艺术的审美感知能力。

（2）营造浓厚书法文化氛围，通过举办书法展览、讲座等活动，吸引更多同学关注和热爱书法艺术。

(3) 通过社团活动增强社团成员间的交流合作，培养团队协作精神，提升社团凝聚力。

(4) 推动书法艺术传承与创新，鼓励社团成员创作具有时代特色的书法作品。

二、活动内容与安排

（一）基础书法培训课程

(1) 时间：每周二、周四下午4:30—6:00。

(2) 地点：学校书法活动室。

(3) 内容：由社团内书法基础较好的社团成员担任小老师，为新社团成员进行书法基础培训，包括握笔姿势、基本笔画练习、简单结构练习等；针对有一定基础的社团成员，开展字体临摹、笔法技巧提升课程。

（二）书法讲座

(1) 时间：第6周周五下午3:00—5:00。

(2) 地点：学校学术报告厅。

(3) 内容：邀请书法专家来校举办讲座，主题为“书法艺术的历史演变与现代传承”，讲解书法发展历程、不同朝代书法特点及现代书法创作趋势，同时分享书法创作心得与技巧。

（三）校内书法比赛

时间：第10—11周。

作品征集：第10周周一—周五。

评选：第11周周一—周二。

展览与颁奖：第11周周三—周五。

地点：学校图书馆展览区。

内容：面向全校学生征集书法作品，分为毛笔组、硬笔组，设置一、二、三等奖及优秀奖。学校书法老师和校外书法协会成员组成评审团进行评选；评选结束后在图书馆展览区展示获奖作品，并举行颁奖仪式。

（四）社区书法公益活动

时间：第14周周六上午9:00—下午4:00。

地点：××社区活动中心。

内容：组织社团成员前往社区开展书法教学活动，为社区居民，尤其是青少年和老年人，讲解书法基础知识、进行书写示范，指导他们进行书法练习。同时，现场创作书法作品并赠送给社区居民，弘扬中华优秀传统文化。

（五）社团书法成果展

时间：第18周周一—周五。

地点：学校艺术楼展厅。

内容：通过展示本学期社团成员的优秀书法作品，如日常练习作品、比赛获奖作品等，全面展示社团成员的书法学习成果和社团活动成效。

三、参与人员

社团成员：积极参与各项活动，在活动中提升自身书法水平，同时承担部分组织和服务工作。

全校学生：参与校内书法比赛，有机会展示自己的书法才华。

社区居民：在社区书法公益活动中参与书法学习和体验活动。

四、人员分工

社长：全面负责活动策划、组织、协调与对外沟通，确保活动顺利开展。

副社长：协助社长工作，负责活动现场人员调度、物资管理等工作。

组织部：负责各项活动的具体组织实施，包括场地布置、活动流程安排等。

宣传部：负责活动的宣传推广，制作海报、宣传单页，利用学校官网、公众号等平台发布活动信息。

教学部：承担基础书法培训课程教学任务，在社区书法公益活动中进行教学指导。

外联部：负责与校外书法专家、社区等沟通联系，争取活动资源和支持。

五、资源需求

（一）物资

书法用具：毛笔、钢笔、铅笔、墨汁、宣纸、毛边纸、硬笔书法纸等，用于日常培训和活动开展。

宣传材料：制作海报、宣传单页的纸张、颜料、画笔等，以及展示作品所需的展板、展架。

其他物资：音响设备、投影仪（用于讲座和成果展）、饮用水（活动现场使用）等。

（二）经费

讲座费用：邀请书法专家的讲课费用500元，交通费用25元。

比赛费用：奖品（证书、文具、书法用具等）费用500元，作品装裱费用300元。

宣传费用：海报、宣传单页制作费用200元。

社区活动费用：交通费用50元，教学材料费用100元。

其他费用：活动饮用水、一次性水杯等费用80元。

总计：1 755元

【简析】这是一份社团活动计划，属于计划类文书。撰写社团活动计划时，需将活动的目标、各项活动的具体安排、参与人员、资源需求等内容规划得清晰明确。活动目标要紧扣社团宗旨和成员发展需求，各项活动安排应充分考虑时间、场地、人员等实际情况。例如，活动时间要避开学校的重要考试周和其他大型活动，场地要提前与学校相关部门沟通申请。参与人员要明确分工、责任到人，确保每个活动都有专人负责组织和实施。资源需求方面，要详细列出举办活动所需的物资、经费等，以便提前做好准备。合理制订计划能让社团活动有条不紊地开展，充分发挥社团的作用，丰富同学们的课余生活，同时也有助于社团的良好发展和传承。计划的规范写法也有诸多要点，如各项活动的时间要用具体日期或时间段明确标注，不能模糊表述；人员分工要具体到个人姓名或职位，职责描述要清晰；资源需求的物资数量要用准确数字表示，经费预算要精确到小数点后两位，并注明货币单位。掌握计划的规范写作要求，无论是在社团活动组织方面，还是在今后的工作中，都能更高效地规划和安排各项事务。

知识拓展

撰写计划的注意事项

一、计划的层次性与细化

根据任务的大小、复杂程度和时间长短，可以制订针对不同层次的计划，如战略计划、战术计划和行动计划。每个层次的计划都有特定的目标和重点，共同构成了一个完整的计划体系。

战略计划：最高层次的计划，通常涉及组织或项目的长期目标和愿景。战略计划关注的是整体方向和策略，为组织或项目提供宏观的指导和方向。它通常不会涉及具体的执行细节，而是强调组织或项目在未来一段时间内要实现的主要目标和成果。

战术计划：战略计划的具体化。它关注的是如何在特定时间内实现战略计划中的目标。战术计划通常包括一系列具体的策略、步骤和资源分配方案，以确保战略计划的顺利实施。战术计划比战略计划更加具体和详细，但仍然不会深入具体的执行层面。

行动计划：最低层次的计划。它关注的是具体的执行步骤和时间表。行动计划通常包括一系列具体的任务、责任人和完成时间，以确保战术计划中的策略能够得到有效执行。行动计划是计划体系中最具体、最详细的层次，直接指导组织或项目的日常工作。

撰写计划时需要将计划的内容、步骤和时间等要素进行详细的分解和说明，以确保计划的可行性和有效性。细化的程度取决于任务的复杂程度和执行者的能力水平。对于复杂的任务，需要制订更加详细的计划来指导执行；而对于简单的任务，则可以适当简化计划的内容。

通过分层和细化处理，计划可以更加清晰地反映组织或项目的目标和重点，为执行者提供更加具体的指导和支持；同时，有助于提高灵活性和适应性，使组织或项目能够更好地应对外部环境的变化和挑战。

二、计划的编写技巧

在制订计划时，以下一些技巧可以提高计划的质量和可读性。

使用图表和表格：通过图表和表格来展示计划的关键信息和数据，使计划更加直观和易于理解。例如，可以使用甘特图来展示项目的进度和时间安排。

突出关键信息：在计划中突出显示关键信息，如主要目标、重要里程碑和关键任务等，有助于读者快速把握计划的核心内容和重点。

使用简洁明了的语言：避免使用过于复杂或晦涩的语言，尽量使用简洁明了的语言来表达计划的内容和要求。这有助于读者更好地理解和执行计划。

作　业

1. 在制订社团活动计划时，(　　) 不是必须考虑的因素。

A. 社团成员的兴趣和需求　　B. 学校的教学安排和节假日

C. 社团负责人的个人喜好　　D. 活动的可行性和资源支持

2. 一份详细且合理的活动计划对于社团发展的重要性体现在（　　）。（多选）

A. 激发社团成员参与热情　　B. 提升社团凝聚力

C. 随意更改活动流程　　D. 确保活动有序进行

3. 在撰写本学期书法社团活动计划时，（　　）不是必须考虑的内容。

A. 活动目标　　B. 活动内容与安排

C. 社团成员的生日信息　　D. 参与人员和人员分工

4. 在制订社团年度活动计划时，（　　）是制订过程中最为关键的一步。

A. 确定社团活动的主题和目的　　B. 随意分配社团成员的任务

C. 仅仅列出想要举办的活动名称　　D. 不考虑资源和时间限制，随心所欲地规划

5. 制订活动计划时，对于活动时间的安排，以下说法错误的是（　　）。

A. 应充分考虑成员们的时间安排，避免与上课时间冲突

B. 可以随意更改，以应对突发情况

C. 应结合学校的教学安排和节假日进行规划

D. 需确保活动时间的合理性和充裕性

任务二　总结

学习情境

大学生李明在完成了一门重要的专业课程学习后，需要写一份课程学习总结。这门课程涵盖复杂的理论知识和实践操作，旨在培养学生的专业素养和综合能力。李明需要回顾整个学期的学习过程，包括课堂听讲、课后复习、小组讨论、实验操作和期末考试等各个环节。他计划通过总结，提炼课程的核心内容、自己的学习成果、遇到的挑战及解决方法，以及思考对未来学习的规划和展望。

【情境学习任务】撰写总结促使李明对课程知识进行系统回顾和整合，有助于巩固记忆、深化理解。通过总结，李明能够客观地评估自己的学习表现，识别强项和弱项，为后续学习提供指导。课程中的实验操作和小组讨论等环节为李明提供了宝贵的实践经验，总结这些经验有助于他提炼有效的学习方法和团队协作技巧。基于总结，李明能够明确自己在专业领域的定位和发展方向，制订切实可行的学习计划，为未来的学业和职业生涯打下坚实基础。

知识点

一、总结的概念和特点

（一）总结的概念

总结是对某一阶段或某项工作的全面回顾与评估，旨在提炼经验教训、明确得失，为

未来提供借鉴。

（二）总结的特点

（1）客观性：基于事实，真实反映情况。
（2）系统性：全面覆盖，条理清晰。
（3）指导性：提炼经验，指导未来。

二、总结的种类

（1）按时间分：年度总结、季度总结、月度总结等。
（2）按内容分：工作总结、学习总结、项目总结等。
（3）按范围分：个人总结、团队总结、组织总结等。

三、总结的结构和写作要求

（一）总结的结构

（1）标题：简明扼要，概括总结内容。
（2）引言：简要介绍总结的背景和目的。
（3）主体。
工作/学习回顾：详细描述工作或学习的主要内容、方法、过程。
成绩与收获：列出主要成果，分析取得成绩的原因。
问题与不足：客观指出存在的问题和不足，分析原因。
经验教训：提炼经验教训，提出改进措施。
（4）结尾：总结全文、展望未来，提出努力方向。

（二）总结的写作要求

（1）实事求是：基于事实，避免言过其实。
（2）条理清晰：逻辑性强，便于理解和查阅。
（3）突出重点：抓住关键，避免冗长。
（4）语言简洁：用词准确，表述精练。

四、例文分析

【例文 3.2】

××学年总结

随着学年的结束，我站在时间的交汇点上，回顾过去一年的点点滴滴，心中充满了感慨。

在学业上，这一年我付出了比以往更多的努力。面对繁重的专业课程，我坚持预习、复习，积极参与课堂讨论，与老师和同学深入探讨学术问题。我的学习成绩稳步提升，不仅获得了多项奖学金，还在专业竞赛中取得了优异成绩。此外，我还利用课余时间自学了

Python编程和数据分析，为未来的职业发展打下了坚实基础。

在社团活动方面，我作为学生会的一员，积极参与、组织、策划多场校园文化活动。这不仅锻炼了我的组织协调能力，也让我深刻体会到了团队合作的重要性。通过这些活动，我不仅结识了许多志同道合的朋友，还拓宽了自己的视野、增长了见识。

在生活上，我注重平衡学业与兴趣爱好。我坚持每天锻炼，保持良好的身体状态。我还参加了学校的羽毛球社团，与队友们一起训练、比赛，享受运动带来的快乐。此外，我还利用假期时间进行了短途旅行，感受不同地域的文化风情，丰富自己的人生经历。

在社会责任方面，我积极参与志愿服务活动，包括为社区老人提供陪伴服务、参与环保宣传等公益活动。这些经历让我更加珍惜现在的生活，也让我明白了作为大学生应有的社会担当。

展望未来，我将继续保持积极向上的态度，努力学习专业知识，提升综合素质。同时，我将积极参与更多的社会实践和志愿服务活动，用自己的所学回馈社会。我相信，在未来的日子里，我会更加成熟、自信，成为更好的自己。

总之，过去的一年是我人生中难忘的一页。我感谢每一位陪伴我成长的人，感谢自己在这一年中的坚持与努力。我相信，只要保持初心、勇往直前，未来的路一定会越走越宽广。

【简析】该年度总结全面而深刻地反映了这位学生在过去一年中的成长与收获。学业上，该生不仅取得了优异的成绩，还自学了编程和数据分析，展现了强烈的求知欲和自我提升的决心。社团活动方面，通过组织、策划校园文化活动，该生不仅锻炼了组织协调能力，还拓宽了社交圈层，增强了团队协作能力。生活中，该生注重身心健康，积极参与体育锻炼和旅行，丰富了个人经历。同时，该生不忘回馈社会，积极参与志愿服务，体现了强烈的社会责任感。整篇总结条理清晰、语言流畅，展现了学生积极向上的生活态度。

知识拓展

总结与日记、报告、论文的区别

一、总结与日记的区别

总结与日记都是记录个人经历和思考的文体，但它们仍有显著差异。总结是对某一阶段或某项工作的全面回顾与评估，旨在提炼经验教训、明确得失，为未来提供借鉴，因此更加注重条理性和客观性。日记通常记录日常生活的点滴，强调即时性和个人情感的真实表达，没有系统性和全面性。

二、总结与报告的联系与区别

总结与报告在结构和写法上有一定相似性，都包含引言、主体和结尾等部分。但它们的侧重点不同。总结更加关注个人或团队在某一阶段或某项工作中的成长与收获，以及对经验教训的提炼和总结。报告通常针对特定任务或项目，强调对任务完成情况的客观陈述和分析，以及对未来工作的规划和建议。此外，总结更注重全面性和历史性，而报告往往具有更强的针对性和时效性。

三、总结与论文的区别

总结与论文都是学术性较强的文体，但它们在研究深度和广度上有所不同。总结更加注重对实践经验的提炼和归纳，强调实用性和指导性，旨在为个人或团队的未来发展提供借鉴。论文通常针对某一学术领域或问题进行深入研究，强调理论分析和实证研究，旨在推动学术进步。

作　业

1.（　　）主要用于对一段时间内的工作、学习或活动进行回顾、分析。

A. 计划书　　B. 总结　　C. 调查报告　　D. 通知

2. 在撰写年度工作总结时，（　　）通常不是必需的。

A. 本年度完成的主要工作任务　　B. 工作中遇到的困难和挑战

C. 下一年度的详细工作计划　　D. 对工作的自我评价和反思

3.（　　）更侧重于对经验教训的提炼和分享。

A. 工作总结　　B. 学习总结

C. 活动总结　　D. 经验教训总结

4. 在撰写项目总结时，（　　）不是必须详细阐述的。

A. 项目的背景和目标

B. 项目的执行过程和关键节点

C. 项目的预算和财务情况（与项目执行无直接关联）

D. 项目的成果和收获

5.（　　）是对一段时间内个人学习、工作、生活等方面的全面回顾。

A. 日记　　B. 个人总结　　C. 回忆录　　D. 自传

任务三　调查报告

学习情境

在本次学习活动中，小李同学被分配了一项任务，撰写某地区居民对垃圾分类知识的了解程度的调查报告。为了获取准确的数据和深入的信息，小李同学决定采用问卷调查和实地访谈相结合的方法。他首先设计了详细的问卷，涵盖垃圾分类的基本概念、分类方法等多个方面。随后，他选择了该地区多个社区的居民作为调查对象，通过线上和线下的方式发放问卷，并亲自走访了部分居民进行深度访谈。整个调查过程历时两周，小李同学不仅收集了大量的数据，还通过与居民的深入交流，获得了许多宝贵的意见和建议。

【情境学习任务】调查结果显示，有关社区居民对垃圾分类知识掌握程度不均，部分居民对分类方法和政策了解不足。在实际操作中，社区居民面临分类标准不明确、设施不完善等困难。社区居民提出的意见和建议涵盖宣传、设施、政策执行等多个方面。为应对这些问题，纠正社区居民对垃圾分类的误解、加强知识普及和设施建设十分重要。本次调查需明确问题所在，并通过发布详细报告，引导社区居民正确认识垃圾分类，有效防范风险，推动垃圾分类工作持续改进。

知识点

微课视频

调查报告

一、调查报告的概念和特点

（一）调查报告的概念

调查报告是一种应用广泛的研究文体。它基于特定的研究目的，通过系统地收集、整理和分析相关资料，对某一现象、问题或事件进行深入的研究和探讨，并最终形成具有科学性、客观性和实用性的书面报告。调查报告通常包括研究背景、研究目的、研究方法、研究结果、结论与建议等部分，旨在为读者提供全面、准确、深入的信息，帮助他们了解研究对象的全貌，为决策提供依据。

（二）调查报告的特点

1. 针对性强

调查报告通常针对某一具体的问题或现象进行研究，具有明确的研究目标和范围。因此，调查报告的内容和结论往往具有较强的针对性和实用性。

2. 客观性高

在收集和分析资料时，写作者通常采用科学的方法和手段，确保数据的真实性和可靠性，避免主观臆断和偏见的影响，从而保持调查报告的客观性。

3. 系统性好

写作者在撰写调查报告的过程中，需要按照一定的逻辑顺序和结构进行组织，确保内容的连贯性和系统性，这有助于读者更好地理解和把握调查报告的核心内容。

4. 实用性强

调查报告不仅提供针对研究对象的深入分析和探讨，还通常包含具体的建议或解决方案，为决策者提供有力的参考和支持。因此，调查报告具有很强的实用性。

5. 创新性突出

在撰写调查报告时，写作者往往需要运用新的理论、方法或视角对研究对象进行剖析，从而提出新的见解或发现。这使得调查报告在学术研究和实际应用中都具有较高的创新性。

二、调查报告的结构和写作要求

（一）调查报告的结构

调查报告通常由标题、正文和落款三个部分组成。

1. 标题

调查报告的标题应能鲜明地揭示调查研究的主题或写作者的观点。标题的写法多样，既可以是双标题（正题和副题相结合），也可以是单标题（直接写明调查对象和内容），还可以是设问句。

2. 正文

前言（开头）：主要介绍基本情况，并提出问题。前言有多种写法，既可以交代调查的缘由、目的、对象、时间、地点、范围、方法、过程、收获等，也可以概括介绍调查对象的基本情况和全文的基本观点，还可以直接指出调查中发现的新生事物或存在的主要问题。前言应简明扼要、抓住要害、揭示主旨。

主体：调查报告的核心部分，详述调查研究的基本情况、做法、经验，以及分析调查研究材料后得出的各种具体认识、观点和基本结论。主体部分的结构形式多样，可以采用线式结构、点式结构、纵式结构或横式结构。在写作时，写作者应注重具体事实、统计数据，文字应简明、准确，条理分明；同时，可以兼用数字、表格、图示说明，以增强报告的可读性和说服力。

结尾：调查报告的结论。结尾的写法多样，既可以总结全文的主要观点，进一步深化主题；也可以提出问题，引发人们的进一步思考；还可以提出解决问题的办法、措施、意见和建议。结尾应简要概括，不要画蛇添足。

3. 落款

调查报告的署名一般要署真名，有时还要写明职务、职称以示文责自负。如果调查报告的完成人是机关、单位，则应写机关、单位的全称。署名位置通常在标题之下、正文之上，也有放在文末的情况。此外，调查报告还应注明报告完成的时间，放在结尾。

（二）调查报告的写作要求

1. 精选材料，突出观点

写作者在撰写调查报告时，应精心选择材料，确保材料的真实性、典型性和代表性；同时，要善于运用材料说明观点。

2. 从实际出发，安排好结构

调查报告的结构应根据内容和表达的需要来决定。在安排结构时，前言、主体和结尾之间的逻辑关系要清晰、层次要分明；同时，各部分之间的衔接和过渡要自然。

3. 注重语言表达

调查报告的语言应准确、简明、生动。写作者在撰写时，要注重调查报告语言的规范性和准确性，避免使用模糊、含糊不清的表述；同时，要善于运用生动的语言和形象的比喻来增强调查报告的可读性和吸引力。

4. 善于运用图表和图示

在调查报告中，可以适当地运用图表和图示来说明问题，这有助于增强报告的可读性和说服力。在运用图表和图示时，应注重准确性和美观性，确保图表和图示与调查报告的内容紧密相关。

三、例文分析

【例文 3.3】

关于某地区居民垃圾分类知识了解程度的调查报告

××大学

一、引言

随着城市化进程的加速和民众环保意识的提升，垃圾分类已成为社会各界关注的焦点。为了深入了解某地区居民对垃圾分类知识的了解程度及实际操作情况，调查者通过问卷调查和实地访谈相结合的方式，对该地区多个社区的居民进行了全面的调查。现将调查结果及分析报告如下。

二、调查方法

问卷设计：设计了详细的问卷，内容涵盖垃圾分类的基本概念、分类方法等多个方面。问卷设计注重问题的针对性和层次性，旨在全面、深入地了解居民对垃圾分类的认知和实践情况。

调查样本：为确保调查结果具有广泛性和代表性，调查者选择了某地区多个社区的社区居民作为调查样本，涵盖不同年龄段、职业背景和文化程度的居民，以确保调查结果的全面性。

调查方式：本次调查采用线上和线下相结合的方式发放问卷，并通过实地访谈获取更深入的信息。线上问卷通过社交媒体、社区微信群等渠道进行发放，线下问卷则在社区活动中心、超市等公共场所进行发放。同时，调查者还对部分居民进行了深度访谈，以获取更详细、更真实的意见和建议。

三、调查结果

基本概念：大部分居民对垃圾分类的基本概念有所了解，但仍有部分居民对垃圾分类的重要性认识不足，存在混淆分类、随意丢弃等现象。

分类方法：在分类方法方面，居民对可回收物、有害垃圾、厨余垃圾和其他垃圾的分类标准有较为清晰的认识。然而，在实际操作中，部分居民仍存在分类不准确、不彻底的问题。

政策了解：大部分居民对当地的垃圾分类政策有所了解，但仍有部分居民对政策的具体内容和实施细节不够熟悉。此外，部分居民对政策的执行力度和效果表示担忧。

实际操作中的困难：居民在垃圾分类实际操作中遇到的困难主要包括分类标识不明确、分类设施不完善、分类知识普及不够等。此外，部分居民反映，由于工作繁忙、时间紧张，他们难以坚持每天进行垃圾分类。

四、分析与建议

加强宣传教育：针对部分居民对垃圾分类知识了解不足的问题，建议政府和社区加强宣传教育力度，通过举办讲座、发放宣传资料等方式，提高居民的环保意识，丰富他们的垃圾分类知识。

完善分类设施：政府和社区应进一步完善垃圾分类设施，如增设分类垃圾桶、设置分类标识等，以便居民更便捷地进行垃圾分类。

加强政策引导：政府应加强对垃圾分类政策的引导和支持，制定更加明确、具体的政策措施，确保政策的执行力度和效果。

鼓励居民参与：政府和社区应鼓励居民积极参与垃圾分类工作，通过设立奖励机制、开展志愿服务等方式，激发居民的积极性和参与度。

五、结论

本次调查结果表明，某地区居民对垃圾分类知识的了解程度存在一定的差异。加强宣传教育、完善分类设施、加强政策引导和鼓励居民参与等措施，可以进一步提高居民的垃圾分类意识和实际操作能力，推动垃圾分类工作的深入开展。

六、致谢

感谢所有参与本次调查的居民和工作人员的支持和配合。

七、附录

（略）

【简析】本调查报告深入分析了某地区居民对垃圾分类知识的了解程度及实际操作情况。通过问卷调查和实地访谈，调查者发现居民对垃圾分类的基本概念虽有所认知，但在实际操作中存在分类不准确、不彻底的问题。同时，部分居民对垃圾分类政策了解不足，且在实际操作中存在分类标识不明确、设施不完善等困难。针对这些问题，调查者提出了加强宣传教育、完善分类设施、加强政策引导和鼓励居民参与等建议。这些建议对于提高居民垃圾分类意识和实际操作能力、推动垃圾分类工作深入开展具有重要意义。

知识拓展

调查报告与工作总结、学术论文的区别

一、调查报告与工作总结的区别

（1）目的不同。调查报告是针对特定问题进行深入调查研究，旨在揭示问题本质、提出解决方案。工作总结主要是对过去一段时间内的工作进行回顾和总结，重点在于梳理工作成果、总结经验教训和制订下一步工作计划。

（2）内容侧重点不同。调查报告注重对问题的分析和研究，强调问题的现状、原因和对策。工作总结侧重对工作过程和成果的描述，强调工作的进展和成效。

（3）写作方法不同。调查报告通常采用“提出问题—分析问题—解决问题”的结

构，运用调查、分析、比较等方法。工作总结一般按照时间顺序或工作板块进行组织，采用叙述、说明等方法。

二、调查报告与与学术论文的区别

(1) 读者对象不同。调查报告的读者对象较为广泛，包括领导、决策者、相关部门和公众等。学术论文主要面向专业学者和研究人员，具有较高的学术性和专业性。

(2) 内容要求不同。调查报告更注重实际问题的解决，强调调查数据的真实性和分析的客观性。学术论文要求具有创新性、理论性和学术价值，强调对学术问题的深入研究和探讨。

(3) 写作规范不同。调查报告的格式相对灵活，学术论文有严格的学术规范和格式要求。

作 业

1. 调查报告的主要目的是（　　）。

A. 提供娱乐和消遣

B. 传递详细的事实和数据，以支持特定的研究或分析

C. 推广新产品或服务

D. 记录个人日常活动

2. 在撰写调查报告时，引言部分通常不包括（　　）。

A. 研究背景　　B. 研究目的

C. 详细的数据分析　　D. 研究问题或假设

3. 调查报告中的数据收集方法不包括（　　）。

A. 问卷调查法　　B. 实验法

C. 观察法　　D. 随意猜测

4. 在撰写调查报告的结论部分时，写作者应该（　　）。

A. 重复引言中的内容

B. 提出新的研究问题或假设

C. 总结研究发现，并提出进一步研究的建议

D. 详细描述数据收集和分析的过程

5.（　　）是确保调查报告准确性和可靠性的关键因素之一。

A. 使用复杂的词汇和句子结构

B. 包含大量图表和图片，使报告看起来更吸引人

C. 标注资料来源

D. 在报告中插入个人意见

任务四 活动策划书

学习情境

音乐节的活动策划工作正在如火如荼地进行。文文和晓燕作为活动策划团队的成员，分别负责文学社与民乐社在音乐节中的展示与表演策划工作。她们正紧锣密鼓地撰写策划书，文文着重于如何将文学与音乐融合，通过朗诵、歌词创作等形式展现文学社的独特魅力；而晓燕则致力于策划一场精彩的民乐演奏，展现中国传统音乐的韵味与风采。两人的策划书不仅体现了她们对音乐、文学的深刻理解与热爱，更展现了她们的创新思维与团队协作能力。

【情境学习任务】在音乐节活动的策划中，两位同学通过参与音乐节的筹备工作，不仅加深了对音乐艺术的理解和热爱，还锻炼了项目管理、团队协作、创意策划等多方面的能力，这有助于她们更好地接受未来的职场挑战。同时，音乐节的筹备过程也促进了不同社团之间的交流与合作，增强了校园文化的多样性和包容性。

知识点

微课视频

活动策划书

一、活动策划书的概念和特点

（一）活动策划书的概念

活动策划书是指在开展各种具体活动之前，根据活动的性质和目的，经过前期调研、分析、设计，制定详细的计划和方案，并书面记录下来的一份文献资料。它包含活动的背景、目标、策略、执行计划、预算、评估等内容，是对未来活动全面的、系统的构思或谋划。活动策划书也叫行动计划书、活动文案等，是活动成功举办的基本保证。

（二）活动策划书的特点

1. 综合性

活动策划书的撰写需要综合考虑多个方面的因素，如活动的目标、宣传、资源、预算等，从而确定整个活动的策略和方案。

2. 系统性

活动策划书需要按照系统化的思维模式进行设计，不仅是对每个细节进行规划，也是对整个活动的思考和规划。活动策划书的系统性表现在策划者在策划时要对活动的各个方面、各个环节进行权衡，以确保活动与活动目标的一致性，避免活动策划的随意和无序。

3. 目的性

活动策划书必须围绕活动的主题来构思制定，具有明确的目的性和针对性。

4. 操作性

活动策划书需要对活动的具体实施进行详细的规划和说明，包括人员安排、时间安排、物资设备准备、宣传推广等方面，确保方案具有可行性。制定的各项具体工作、具体措施必须可行。

5. 评估性

制定活动策划书需要考虑活动后的效果评估，包括量化和定性分析，从而不断优化和改进活动的策划和实施方案。

6. 逻辑性

活动策划书必须将策划思维准确、有效地表达出来，这样才能使活动策划书本身具有说服力，才能让读者接受和便于其实施。

二、活动策划书的结构和写作要求

（一）活动策划书的结构

活动策划书一般由活动基本信息、活动具体安排、活动核心内容、活动支撑要素和活动保障措施几个部分构成。

1. 活动基本信息

（1）活动背景：介绍举办活动的背景，如社会热点、市场趋势、组织发展需求等。以校园公益活动策划书为例，可阐述当下校园环保问题及学生环保意识现状，引出活动举办的必要性。

（2）活动目的：明确活动预期达成的成果，如增加品牌曝光度、提高产品销量、提升团队协作能力等，目标需具体且可量化。

（3）活动主题：拟定一个简洁醒目、能精准传达活动核心的主题，如“活力青春运动会”，凸显活动面向人群和活动类型。

2. 活动具体安排

（1）时间与地点：确定活动的具体举办日期和时段，精确到小时甚至分钟；同时，应明确详细的活动场地，方便参与者提前规划行程。

（2）参与对象：界定活动面向的目标群体，如青少年、职场人士、老年人等，以便后续针对该群体的特点和需求进行活动策划。

3. 活动核心内容

（1）活动内容与流程：按照时间顺序依次详细描述活动的各个环节，包括开场环节的形式（如嘉宾致辞、文艺表演）、主体内容（如产品展示、竞赛环节）、互动环节（如抽奖、问答）及结尾部分（如总结发言、合影留念）。

（2）宣传推广：规划活动的宣传途径，涵盖线上社交媒体平台（如微信、微博、抖音）和线下海报张贴、传单发放、与商家合作宣传等方式，并说明每种宣传方式的具体执行细节和预期达到的宣传效果。

4. 活动支撑要素

（1）活动预算：以表格形式罗列活动所需的各项开支，包含场地租赁费用、物料采购费用、人员劳务费用、宣传推广费用等，明确每一项的预算金额和总预算。

（2）人员安排：制定人员分工表，明确每名工作人员的职责，以确保活动各个环节都有专人负责。

5. 活动保障措施

（1）应急预案：针对可能出现的突发状况，如天气恶劣、设备故障、人员意外受伤等，制定相应的应对措施和解决方案。

（2）效果评估：设计活动结束后的效果评估方案，如通过线上调查问卷、线下访谈、数据分析等方式，收集参与者反馈和活动相关数据，评估活动目标的达成情况，总结经验教训，为后续活动提供参考。

（二）活动策划书的写作要求

1. 明确目标

在撰写活动策划书之前，首先要明确活动的目标和预期效果，这是活动策划书的核心和基础。

2. 调研分析

通过市场调研、受众分析等方式，了解目标受众的需求和偏好。

3. 注重细节

在撰写活动策划书时，要注重细节的描述，确保每个环节都有明确的计划和安排。

4. 逻辑清晰

活动策划书的内容要按照逻辑顺序进行排列，确保读者能够清晰地理解活动的整体流程和计划。

5. 语言简洁

活动策划书的语言应简洁明了，避免使用过于复杂或晦涩的词汇和句子。

6. 数据支持

活动策划书中要有必要的数据支持，如预算数据、参与人数预测等，以增强活动策划书的可信度和说服力。

三、例文分析

【例文 3.4】

校园音乐节活动策划书

一、活动背景

在校园文化日益丰富的当下，音乐作为一种极具感染力的艺术形式，深受同学们的喜爱。举办校园音乐节，不仅能为热爱音乐的同学提供展示才华的舞台，也能丰富校园文化生活，增进同学们之间的交流与互动。

二、活动目的

（1）挖掘校园音乐人才，为校园音乐爱好者提供一个展示自我的平台。

（2）丰富校园文化生活，营造积极向上的校园氛围。

（3）增强学生之间的交流与合作，促进校园和谐发展。

三、活动主题

“音为梦响，青春飞扬”

四、活动时间和地点

时间：2025年6月20日，14:00—16:00

地点：学校操场

五、活动对象

全体在校师生

六、活动内容与流程

（一）前期准备

（1）组建音乐节筹备小组，包括节目策划、宣传推广、后勤保障等小组。

（2）面向全校师生征集节目，确定参演人员和节目单。

（3）准备音响、灯光、舞台搭建等设备和物资。

（二）活动流程

（1）开场：主持人介绍活动背景、目的和到场嘉宾，邀请学校领导致辞。

（2）表演环节：按照节目单依次进行表演，涵盖流行、摇滚、民谣、说唱等多种音乐风格。中间穿插互动环节，如抽奖、音乐知识问答等。

（3）结尾：所有参演人员合唱一首经典歌曲，主持人宣布活动结束。

七、宣传推广

（1）线上宣传：利用学校官方微信公众号、微博、抖音等平台发布活动信息、节目预告和精彩瞬间。

（2）线下宣传：在学校宣传栏张贴海报，发放传单，在教学楼、食堂等人流量较大的地方设置宣传点。

八、活动预算

项目	预算金额（元）
场地租赁	××××
音响灯光设备租赁	××××
舞台搭建	××××
宣传物料制作	××××
奖品和纪念品	××××
其他费用	××××
总计	××××

九、人员安排

人员	职责
活动总策划	负责活动的整体规划和决策
主持人	负责活动现场的主持和互动
节目策划组	负责节目征集、筛选和编排
宣传推广组	负责活动的宣传推广
后勤保障组	负责场地布置、设备维护和物资采购
摄影摄像组	负责活动现场的摄影摄像

十、应急预案

(1) 恶劣天气：若活动当天遇到恶劣天气，将活动转移至室内体育馆举行。

(2) 设备故障：提前准备备用设备，一旦出现故障，及时更换。

(3) 人员安全：在活动现场设置医疗急救点，配备基本的医疗设备和药品，确保人员安全。

十一、效果评估

(1) 通过线上调查问卷收集师生对活动的满意度和意见建议。

(2) 统计活动的参与人数、线上平台的浏览量和互动量等数据，评估活动的影响力。

(3) 根据评估结果，总结经验教训，为今后举办类似活动提供参考。

【简析】这份活动策划书内容全面、逻辑清晰。从背景阐述、目的设定，到主题、时间地点的明确，再到活动流程、宣传推广、预算安排、人员分工及应急预案等细节规划，都充分考虑了校园活动的特点与需求。活动环节丰富，兼顾展示与互动；宣传渠道多元；评估方式科学，能有效保障活动顺利开展，达到丰富校园文化、挖掘音乐人才的目的。

知识拓展

撰写活动策划书的注意事项与常见误区

(1) 忽视风险评估。许多活动策划书在撰写过程中，往往过于关注活动的创意和执行细节，而忽视了潜在的风险。常见的风险包括天气恶劣、设备故障等。因此，在活动策划书中应设立专门的风险评估与应对措施章节，提前识别可能出现的风险，并制定相应的解决方案。

(2) 预算不合理。预算是活动策划的重要组成部分，但在实际操作中，常常出现预算过高或过低的情况。预算过高可能导致资源浪费，而预算过低则可能影响活动的质量和效果。因此，在制定预算时，需充分考虑各项费用的支出，进行详细的成本核算，并预留一定的弹性空间，以应对突发情况。

作 业

1. 活动策划书的核心目的是（ ）。

A. 详细记录活动流程

B. 展示活动创意和吸引力，确保活动成功实施

C. 仅供内部团队参考，无须对外公开

D. 强调活动预算的合理性

2. 在活动策划书中，（ ）通常用于描述活动的背景、目的和意义。

A. 活动背景 B. 活动流程 C. 预算明细 D. 风险评估

3. 在活动策划书中，关于参与者的描述应包含（ ）。

A. 参与者的年龄、性别和收入水平

B. 参与者的数量、特征（如目标群体）及预期收益

C. 参与者的个人兴趣爱好和婚姻状况

D. 参与者的政治面貌和宗教信仰

4. （ ）不属于活动策划书中“活动宣传方案”的内容。

A. 宣传渠道的选择（如社交媒体、传统媒体）

B. 宣传材料的设计（如海报、传单）

C. 活动赞助商的招募和合作细节

D. 宣传时间表和关键节点

5. 在制定活动预算时，（ ）不是必须考虑的因素。

A. 场地租赁费用

B. 参与者的交通和住宿费用（如适用）

C. 活动结束后对环境的清理费用

D. 活动策划团队成员的个人奖金

6. 在活动策划书中，关于风险评估的部分主要关注（ ）。

A. 活动可能面临的法律风险和合规问题

B. 参与者的个人安全和健康风险

C. 天气变化对活动的影响及应对措施

D. 以上都是

7. （ ）最能体现活动策划的创新性和吸引力。

A. 活动的主题和口号 B. 活动的详细时间表

C. 活动预算的精确计算 D. 活动赞助商的名单

8. 在活动策划书的结尾部分，通常会包含（ ）。

A. 活动效果的预期和评估方法

B. 活动策划团队成员的个人简历

C. 活动赞助商的感谢信模板

D. 活动结束后的详细财务审计报告

任务五　简报

学习情境

在学校图书馆的休闲区，几位同学围坐在一起讨论着。他们面前的桌上放着一份《校园动态简报》，小李兴奋地指着“文化节”的板块说：“这次文化节太精彩了，汉服展示真让人眼前一亮！”小王则对学术讲座很感兴趣：“那个人工智能讲座我去听了，收获特别大。”小张翻到“就业资讯”部分，皱着眉头说：“就业竞争压力不小，得赶紧准备了。”

【情境学习任务】同学们对校园生活各方面都非常关注。从以上讨论中可以看出校园文化活动深受同学们喜爱；学术讲座的交流展现了大家对知识的渴望；就业资讯的探讨则表明同学们对未来职业发展的重视。简报正是展现校园生活的重要载体。

微课视频

简报

知识点

一、简报的概念和特点

（一）简报的概念

简报是传递某方面信息的简短的内部小报，常用于汇报工作、反映问题、交流经验、沟通情况等，是工作交流和信息传递的重要工具。

（二）简报的特点

1. 内容简洁

内容简报要语言凝练、篇幅简短，通常在几百字到几千字，以最简洁的文字传递关键信息。简报要简明扼要地概括核心内容，如文化节直接点明涵盖板块和精彩环节。

2. 内容真实

简报所涉及的内容必须是真实可靠的，无论是校园活动的开展情况、学术成果的展示，还是就业资讯的发布，都应基于事实，不能虚构或夸大，这样才能保证信息的有效性和可信度。

3. 发布及时

简报要能快速反映最新动态，让读者在第一时间了解到相关情况，如校园招聘会刚结束，简报就发布相关信息，便于同学们及时获取信息和把握机会。

4. 针对性强

简报是针对特定群体和特定目的编写的，如上述校园动态简报就针对大学生，聚焦校园活动、学术、就业等学生关心的重点问题，提供有价值的信息。

二、简报的结构和写作要求

（一）简报的结构

简报一般由报头、报核和报尾三个部分构成。

1. 报头

报头位于简报第一页上方，约占版面的三分之一。

(1) 简报名称：如“校园动态简报”，用大号字体，醒目突出为佳。

(2) 期号（若有）：标注简报发行顺序，如“第×期”。

(3) 编发单位：明确编辑发布部门，如“××大学学生会宣传部”。

(4) 印发日期：写明简报制作时间。

2. 报核

这是简报的核心内容，一般包含按语、标题、正文等。

(1) 按语（可选）：位于报头下方，对简报内容作提示、说明或评论，如“本次校园文化节亮点突出，展现了同学们的多才多艺，也丰富了校园文化生活”。

(2) 标题：概括各板块内容，如“校园活动速览”“学术成果展示”等，简洁准确。

(3) 正文：分条列项叙述，如“校园活动”板块，先介绍文化节举办时间、参与人员，再列举亮点环节；“学术成果”板块，说明科研团队、领域、成果及意义；“就业资讯”板块，列举招聘会企业、岗位数，培训课程内容和报名方式。

3. 报尾

报尾位于简报最后一页下方，注明发送范围和印刷份数，如“发送：各学院、各部门”“印刷：××份”。

（二）简报的写作要求

(1) 内容层面：真实准确、重点突出、针对性强。

(2) 语言层面：简洁明了、通俗易懂。

(3) 格式层面：规范统一、条理清晰。

三、例文分析

【例文 3.5】

校园动态简报

简报日期：××××年××月××日

编发单位：××大学学生会宣传部

校园活动速览

校园文化节圆满落幕：上周，我校举办的校园文化节吸引了全校师生的积极参与。校园文化节涵盖了文艺表演、社团展示、传统文化体验等多个板块。其中，汉服展示环节让同学们深入领略了中华传统服饰的魅力；音乐社团带来的原创歌曲表演更是将现场气氛推向高潮。此次活动不仅丰富了同学们的课余生活，还促进了校园文化的多元发展。

学术讲座反响热烈：知名学者××于××月××日在我校开展了一场关于人工智能前沿技术的学术讲座，××深入浅出地介绍了人工智能在医疗、教育、金融等领域的应用，并与同学们进行了互动交流。同学们纷纷表示，此次讲座拓宽了他们的学术视野，激发了对专业知识的探索热情。

学术成果展示

科研项目取得突破：我校××学院的××科研团队在××科研领域取得重要突破。该团队研发的××科研成果，有望解决××行业痛点问题，目前已申请多项专利。这一成果不仅提升了我校在相关领域的学术影响力，也为同学们树立了榜样。

学生论文发表：××专业的××同学在××学术期刊上发表了一篇高质量的学术论文。论文围绕××主题展开深入研究，提出了××创新性观点，得到了学术界的高度认可。××同学分享了自己的论文写作经验，鼓励同学们积极参与学术研究。

就业资讯

企业校园招聘：近期，多家知名企业在我校举办了校园招聘会，涵盖了互联网、金融、教育等多个行业。据统计，本次招聘会共提供了×××个岗位，吸引了数千名同学投递简历。学校就业指导中心提醒同学们，要提前做好职业规划、提高自身竞争力，把握就业机会。

就业培训课程：为帮助同学们更好地应对求职挑战，学校就业指导中心将于××月××日开设一系列就业培训课程。课程内容包括简历制作、面试技巧、职场礼仪等。同学们可通过学校官网报名，提升自己的就业能力。

发送：各学院、各部门　　印刷：××份

【简析】这份校园动态简报内容丰富，涵盖校园生活的多个重要方面。“校园活动速览”板块，展现了校园文化的多元与活力；“学术成果展示”板块彰显了学术实力；“就业资讯”板块提供招聘会与就业培训课程信息，助力学生职业发展。本文语言简洁明了、通俗易懂，能让同学们快速获取关键信息；格式规范、条理清晰，各板块划分明确，按活动、学术、就业分类呈现，方便读者阅读。

知识拓展

简报与总结的比较

简报和总结虽然都是常见的事务性文书，但二者在多个方面存在明显区别。具体如下。

(1) 内容侧重点：简报内容广泛，注重信息的时效性和丰富性。而总结是对过去一段时间内的工作、学习等进行全面回顾，如学期末进行工作总结，详细梳理任务完成情况、成果、问题及提出改进方法。

(2) 写作目的：简报旨在快速传播信息，让受众及时了解现状，为受众提供参考，如学术讲座简报能让未参加的同学知晓讲座要点。总结则是总结经验教训，以便指导未来工作。以学生会工作为例，简报能帮助成员明确后续工作方向，提升工作效率。

（3）格式规范：简报格式固定，包含报头、报核、报尾。总结格式相对灵活，一般由标题、正文、落款构成，无严格固定模板，如个人学习总结可能只需简单写标题和正文。

（4）语言风格：简报语言简洁明了、通俗易懂，便于快速传递信息，介绍科研成果时会简要说明成果名称和应用方向。总结语言平实，注重逻辑性和条理性，对工作学习的分析阐述更深入、全面。

作 业

1. 前文中的《校园动态简报》，其报头部分不包括（　　）。

A. 简报名称　　B. 编发单位　　C. 正文内容　　D. 简报日期

2. 以下关于简报这种文体的描述，正确的是（　　）。

A. 简报的语言应尽量华丽，多使用修辞手法以增强吸引力

B. 简报的报头可有可无，主要内容在报核部分

C. 简报重点在于对过去事件进行全面深入的分析总结

D. 简报需及时反映最新动态，内容具有针对性

3. 下列语言表达，最符合简报语言风格的是（　　）。

A. 哇！这次文化节简直太精彩啦

B. 此次校园招聘会，那场面，真是人山人海

C. 我校于××月××日举办了一场学术交流活动

D. 家人们，快来看看这次的就业培训课程吧

4. 若要在简报中新增一个“校园荣誉”板块，以下哪项内容可以入选？（　　）

A. 某同学在校外旅游时捡到钱包归还失主

B. 学校篮球队获得市级比赛冠军

C. 食堂新推出一款美食深受同学喜爱

D. 某老师在家中种植的花卉盛开

项目四　礼仪文书

内容提要

本项目主要介绍了礼仪文书的概念、特点及写作要求。礼仪文书是人们在社交场合中用于表达敬意、祝贺、欢迎等的一种应用文体。

思维导图

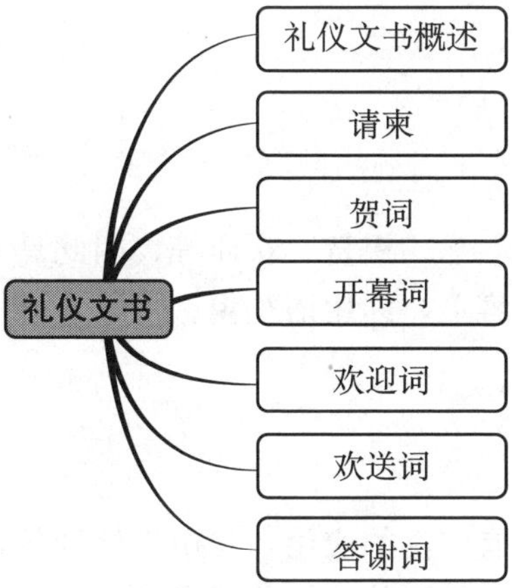

学习目标

- **素质目标：**

1. 培养对写作礼仪文书的重视程度，认识到礼仪文书在社交中的重要性；
2. 树立正确的礼仪观念，提高自身的礼仪素养和文化修养。

- **知识目标：**

1. 了解礼仪文书的概念、特点和种类；
2. 掌握礼仪文书的写作要求。

- **技能目标：**

1. 能够根据不同的社交场合和对象，准确运用礼仪文书的写作技巧，撰写符合规范、得体大方的礼仪文书；

2. 提高文字表达能力和语言运用能力，能够灵活运用各种修辞手法和表达方式，增强礼仪文书的感染力和吸引力。

项目导入

在现代社会，礼仪文书在各种社交场合中扮演着重要角色。无论是个人的婚礼、寿宴，还是单位的会议、活动，礼仪文书都能有效地传达情感、表达意愿、增进友谊。例如，一份精心撰写的请柬可以表达对宾客的尊重和欢迎；一封真诚的贺词可以传递对他人成就的认可和祝福。掌握礼仪文书的写作技巧，不仅能够提升个人的文化素养，还能在社交中展现良好的礼仪风范，促进人际关系的和谐发展。

礼仪文书概述

一、礼仪文书的概念

礼仪文书是指在各种社交场合中，人们为了表达敬意、祝贺、欢迎等而使用的一种具有特定格式和规范的应用文体。礼仪文书的写作需要遵循一定的礼仪规范和写作要求，以体现写作者的礼貌和尊重，同时也能够增强社交效果。

二、礼仪文书的特点

（一）礼仪性

礼仪文书的核心在于表达敬意、祝贺、欢迎等，因此具有强烈的礼仪性。这种礼仪性体现在文书的格式、语言和内容上，即用语礼貌、得体，遵循一定的礼仪规范，表达对读者的尊重和友好。

（二）实用性

礼仪文书在日常生活中具有广泛的应用，常用于处理各种社交事务，具有很强的实用性。通过礼仪文书，人们可以有效地传达情感、表达意愿、增进友谊，从而促进社交活动的顺利进行。

（三）针对性

礼仪文书的写作需要根据不同的社交场合和对象进行调整，具有很强的针对性。例如，写给长辈的请柬和写给同龄人的请柬在语言风格和格式上会有很大不同；开幕词和欢迎词的写作也会根据具体的活动和对象进行相应的调整，以确保文书的内容和形式能够适应不同的社交需求。

（四）规范性

礼仪文书虽然不像公文那样有严格的体式规定，但在漫长的写作实践中逐渐形成了一套基本的定式、体式与款式，具体规定了文书的格式、语言、结构等方面，写作者需要遵循这些规范，使文书具有统一的格式和风格，便于读者阅读和理解。

（五）情感性

礼仪文书不仅是文字的表达，更是情感的传递。在写作时，写作者要注重表达真挚的情感，使读者能够感受到自己的真诚和热情，从而增强礼仪文书的感染力和说服力。

三、礼仪文书的发展

礼仪文书的发展经历了漫长的历史过程。从古代的书信、贺帖到现代的请柬、贺词、开幕词、欢迎词等，礼仪文书的形式和内容都发生了很大的变化。古代的礼仪文书多以书信、贺帖等形式出现，用于表达敬意、祝贺、感谢等情感。随着社会的发展和文化的进步，礼仪文书的形式和内容也逐渐丰富多样，出现了请柬、贺词、开幕词、欢迎词、欢送词、答谢词等多种形式，广泛用于处理各种社交事务。

四、礼仪文书的写作要求

礼仪文书的写作需要遵循一定的要求，以确保文书的质量和效果。

（一）明确目的

在写作礼仪文书之前，首先要明确写作的目的，如表达敬意、祝贺、欢迎等。明确目的有助于确定文书的内容和形式，使文书更有针对性和实效性。

（二）了解特定对象

礼仪文书的写作需要根据特定对象进行调整，了解特定对象的身份、地位、性格等，有助于选择合适的语言和格式，使文书更加得体和恰当。

（三）遵循规范

礼仪文书具有一定的规范和要求，写作者需要遵循这些规范，使文书便于理解。

（四）表达真情

礼仪文书要表达真挚的情感，以增强感染力和说服力。

（五）语言得体

礼仪文书的语言要礼貌客气、得体大方，避免使用过于随意或不恰当的词汇，以免给人留下不好的印象；同时，语言要简洁明了，避免使用过于冗长或复杂的句子。

（六）格式规范

礼仪文书的格式要规范整齐，标题、称呼、正文、落款等部分要清晰明了，便于读者阅读和理解；同时，文书的排版和格式要美观大方。

任务一 请柬

学习情境

阅读一份简短的请柬，了解一下请柬的行文特色。

请柬

××先生（女士）：

兹定于××××年××月××日上午×时于××招待所召开××艺术剧院剧目座谈会。

敬请光临。

附：行车路线。

××艺术剧院（章）

××××年××月××日

资料来源：张清娥．达雅　精致——谈请柬的写作［J］．秘书，2004（9）：36－38．

【情境学习任务】这是一份格式规范、信息明确、内容简洁、重点突出的请柬。文中简洁明了地呈现活动的时间、地点和主题。通过这份请柬，邀请方明确向受邀方发出了参加剧目座谈会的邀请。请柬作为一种礼仪文书，在社交和商务活动中使用频繁。请柬不仅承载着传递活动信息的功能，更展现了邀请方对受邀方的尊重。因此，深入探究请柬的结构、写作规范和语言表达技巧，对于提升请柬的撰写能力、准确传达邀请意图、展现良好礼仪风范具有重要意义。

微课视频

请柬

知识点

一、请柬的概念和特点

（一）请柬的概念

请柬，又称为请帖、简帖，是在正式社交场合或重要活动中，用于向特定对象发出邀请的一种书面通知。请柬通常有精美的外观，以示庄重和尊重。

（二）请柬的特点

1. 礼仪性

请柬是一种礼仪文书，主要目的是表达邀请方对受邀方的尊重和诚意。请柬从格式到内容，都需要遵循一定的礼仪规范，语言表达要得体、礼貌。

2. 告知性

请柬需要明确告知活动的相关信息，如活动主题、时间、地点、内容等，使受邀方能够清楚了解活动情况，提前做好相应安排。

3. 针对性

请柬是针对特定对象发出的，内容会根据特定对象的不同而有所调整，以体现对受邀方的重视和个性化。

二、请柬的结构和写作要求

（一）请柬的结构

请柬一般包括标题、称呼、正文、结尾、落款五个部分。

1. 标题

一般直接在请柬的上方正中写上“请柬”二字，字体较大；也可以进行艺术设计，使标题更加美观；还可以采用“活动名称＋请柬”的形式，如“××学校50周年校庆请柬”。

2. 称呼

顶格写受邀方的姓名或单位名称。如果是个人，要在姓名后加上合适的称呼，如“先生”“女士”“教授”等；如果是单位，直接写单位全称。称呼后面要加上冒号。

3. 正文

正文是请柬的核心部分，要写明活动时间、地点、内容等关键信息。语言表达要简洁明了、通顺流畅，同时要注意措辞得体，以体现邀请方的诚意。如请柬中涉及活动流程安排、注意事项等，也可在正文中简要说明。

4. 结尾

结尾通常用固定的礼貌用语，如“敬请光临”“恭请莅临”“期待您的光临”等，表达对受邀方出席活动的期望。

5. 落款

落款包括邀请方的姓名或单位名称，以及请柬发出的日期。若是单位发出的请柬，要加盖单位公章；若是个人发出的请柬，可直接签名。日期应写全年、月、日，以确保信息准确无误。

（二）请柬的写作要求

（1）内容严谨，表达清晰：事由明确、时间精确、地点详细、受邀方明确。

（2）语言庄重，措辞得体：语言得体、语气谦和。

（3）格式规范，符合礼仪：标题醒目、分段清晰、落款正式、日期规范。

三、例文分析

【例文 4.1】

××校园晚会请柬

敬呈××：

为丰富校园文化生活，展现青春风采，××学校兹定于××××年××月××日×时，于学校体育馆举办“青春飞扬”校园晚会。

晚会期间，将有精彩纷呈的歌舞表演、妙趣横生的小品相声，更设有神秘互动环节，诚邀您同赏这场青春盛宴。

××学校学生会

××××年××月××日

【简析】 这则请柬语言正式庄重；结构清晰，先讲目的，再依次说明时间、地点、活动内容，最后发出邀请；内容完整，关键信息齐全，晚会节目丰富，还提及互动环节，以吸引更多人前来参加。

知识拓展

请柬的材质和书写

请柬起初用于官方活动、祭祀典礼等，那时的请柬格式严谨、内容庄重。随着时代发展，请柬在民间社交中广泛应用，形式也越发多样。在材质上，有用丝绸、竹简、木板制作的请柬；纸张普及后，宣纸等也用于制作请柬；后来也有用皮革、金属薄片等制作的请柬。在书写规范方面，古代请柬要求礼仪规范，对长辈用敬语，字体多为工整的楷书、行书。现代请柬书写相对自由，但正式场合仍需语言简洁礼貌，常用宋体、楷体等清晰易读的字体。

作 业

1. 学校社团联合会计划举办一场“社团文化节闭幕式暨颁奖典礼”，时间定在2025年10月21日晚上7点，地点在学校体育馆。请你以学校社团联合会的名义，为此次活动撰写一份请柬，邀请学校领导、各社团指导老师和学生代表参加。

2. 你的朋友小翔即将举办一场个人画展，画展将于2025年8月24日至2025年8月31日在市美术馆举行，开幕式定于2025年8月24日上午10时。请你帮朋友写一份请柬，邀请你们共同的好友参加开幕式。

任务二　贺词

学习情境

今天是学校建校 100 周年校庆日。校园里彩旗飘扬，校友们从各地返回母校，齐聚一堂。校庆典礼上，校长回顾学校发展历程，校友代表分享成长故事，气氛温馨热烈。接下来，将有校友和学生代表发表贺词的环节。小李被邀请在典礼上为母校送上贺词。那么，他的贺词该如何撰写才能既体现情真意切又文采斐然呢？

【情境学习任务】这是撰写校庆贺词的任务，校庆贺词属于贺词的一种。贺词种类丰富，有节日贺词，如春节时给亲朋好友的贺词；有寿辰贺词，为长辈或德高望重之人祝寿时所用；有开业贺词，祝贺商家店铺开业大吉等。不同类型的贺词因读者、场合不同，在内容、语言风格和情感表达上都有差异。

知识点

一、贺词的概念和特点

（一）贺词的概念

贺词是在喜庆场合对人或事表示祝贺的言辞或文章，属于礼仪文书。它既可以通过口头表达，营造热烈的祝贺氛围；也能以书面形式呈现，传递真挚情感，如贺信、贺电等。贺词应用场景广泛，不受行政级别、隶属关系的限制，可用于上下级或同级单位，以及亲朋好友之间。

（二）贺词的特点

1. 祝贺性

贺词的核心在于表达祝贺之情，字里行间都应洋溢着喜悦与祝福，让读者真切感受到温暖。

2. 针对性

根据不同的祝贺对象、场合和事件，书写的贺词也不同。例如，给某公司写开业贺词，会侧重对公司未来业务发展、市场前景的祝福；而生日贺词则侧重对寿星的健康、幸福发起祝愿。

3. 情感性

贺词饱含真挚深厚的情感，以热情洋溢的语言引发读者的情感共鸣。例如，在校庆贺词中，对母校的热爱、感恩与自豪之情，能唤起校友对校园生活的美好回忆，增强他们的归属感。

4. 简洁性

贺词的语言要简洁明了，避免冗长复杂。写作者要在有限的篇幅内精准传达祝贺之意，突出重点内容，如一些简短的节日贺词，用精练的语句传递祝福，让人一目了然。

二、贺词的种类

微课视频

贺词的分类

（一）按使用对象分

1. 祝事业的贺词

祝事业的贺词不仅用于祝贺会议开幕、重大工程开工、展览会剪彩、社团创办、重要纪念日庆祝等，也常在外事活动、友好往来中，祝愿事业成功、友谊增进等。例如，企业收到合作伙伴发来的贺词，祝贺其新产品发布会圆满成功，期望未来合作更加紧密。

2. 祝寿的贺词

祝寿的贺词主要祝愿老年人健康长寿，赞美他们的品德、成就和贡献。例如，为德高望重的学者举办寿宴，在贺词中回顾其学术成就和育人贡献，表达对该学者的敬重与祝福。

3. 祝酒词

祝酒词常用于喜庆佳节、招待贵宾的酒会和宴会。主人借酒表达欢迎、问候、感谢，送上祝愿。例如，在商务宴请中，主人在发表祝酒词时感谢来宾的支持，展望合作前景。

4. 祝婚词

祝婚词适用于以下情况：在婚庆典礼上，祝福新婚夫妇喜结良缘、家庭美满；在老年夫妇金婚、银婚纪念日时，祝他们携手幸福。例如，在婚礼现场，宾客在祝婚词中讲述新人相识、相知、相爱的故事，为他们送上甜蜜的祝福。

（二）按结构形式分

1. 简约型贺词

通常用一两句简短的话语表达美好祝愿，可引用诗句、名人名言。例如，商店开业时，送上“宏图大展，蒸蒸日上”的祝福；朋友升职时，送上“升职大吉，未来可期”的祝福。

2. 书面型贺词

书面型贺词属于文章型贺词，常用于正式、庄重的场合，内容丰富、结构完整。例如，在大型企业周年庆典时，合作单位发来的贺词，会详细阐述对企业发展成就的肯定和未来的期望。

三、书面型贺词的结构和写作要求

（一）书面型贺词的结构

1. 标题

（1）直接写文种：如“贺词”“贺信”“贺电”，简洁明了，适用于各种场合。

（2）“内容范围＋文种名称”：如“致××会议的贺信”，明确祝贺对象和主题。

（3）“致贺词者姓名＋内容范围＋文种名称”：如“××女士致××活动的贺词”，突出致贺词者。

（4）正副双标题形式：正标题为文章式标题，点明主旨或营造氛围；副标题标识“内容范围＋文种名称”，如“携手共创辉煌未来——××公司十周年庆典贺词”。

（5）“致贺词者姓名＋文种名称”：如“××女士的祝酒词”，强调致贺词者的身份。

2. 称呼

称呼接受祝贺的对象，有专指和泛称之分。专指用于特定对象，如“尊敬的×××先生/女士”；泛称则根据特定对象的身份确定，如“各位女士，各位先生”“同志们，朋友们”等。为表亲切友好，可在称呼前面加修饰语，如“亲爱的”“尊敬的”“尊贵的”。

3. 正文

（1）开头。贺词开头说明祝贺缘由，表明致贺词者的身份及代表谁讲话，表达对受贺对象的敬意、祝愿或感谢。例如，“我是×××，在这喜庆的日子里，我谨代表××单位，向××先生/女士表示最热烈的祝贺!”。

（2）主体。不同类型的贺词，主体内容也不同。会议类贺词阐述会议意义；庆贺信类贺词说明受贺对象的成就及其意义；祝寿类贺词概括阐述受贺对象经历，赞颂其美德与精神。贺词一般都包含对过去的评价和对未来的期望。

（3）祝颂语。贺词末尾用表示良好祝愿的词语再次祝贺，结束全文，如祝贺事业用“预祝贵公司蓬勃发展，再创佳绩”；祝寿用“愿您松鹤长春，寿比南山”。

4. 落款

落款包括致贺词者的单位名称或个人姓名，以及贺词发出的日期。若是单位发出的贺词，需加盖单位公章；若是个人发出的贺词，直接签名即可。日期应写全年、月、日，确保信息准确，体现贺词的正式性。

（二）书面型贺词的写作要求

（1）内容清晰：主题明确、情感真挚。

（2）结构规范：标题规范、称呼恰当、正文完整、落款清晰。

（3）语言得体：简洁精练、庄重典雅。

四、例文分析

【例文 4.2】

2025 年新年贺词

同志们、朋友们、女士们、先生们：

大家好！时间过得很快，新的一年即将到来，我在北京向大家致以美好的祝福！

2024 年，我们一起走过春夏秋冬，一道经历风雨彩虹，一个个瞬间定格在这不平凡的一年，令人感慨、难以忘怀。

我们积极应对国内外环境变化带来的影响，出台一系列政策“组合拳”，扎实推动高质量发展，我国经济回暖向好，国内生产总值预计超过130万亿元。粮食产量突破1.4万亿斤，中国碗装了更多中国粮。区域发展协同联动、积厚成势，新型城镇化和乡村振兴相互融合、同频共振。绿色低碳发展纵深推进，美丽中国画卷徐徐铺展。

我们因地制宜培育新质生产力，新产业新业态新模式竞相涌现，新能源汽车年产量首次突破1 000万辆，集成电路、人工智能、量子通信等领域取得新成果。嫦娥六号首次月背采样，梦想号探秘大洋，深中通道踏浪海天，南极秦岭站崛起冰原，展现了中国人逐梦星辰大海的豪情壮志。

今年，我到地方考察，看到大家生活多姿多彩。天水花牛苹果又大又红，东山澳角村渔获满舱。麦积山石窟"东方微笑"跨越千年，六尺巷礼让家风代代相传。天津古文化街人潮熙攘，银川多民族社区居民亲如一家。对大家关心的就业增收、"一老一小"、教育医疗等问题，我一直挂念。一年来，基础养老金提高了，房贷利率下调了，直接结算范围扩大方便了异地就医，消费品以旧换新提高了生活品质……大家的获得感又充实了许多。

巴黎奥运赛场上，我国体育健儿奋勇争先，取得境外参赛最好成绩，彰显了青年一代的昂扬向上、自信阳光。海军、空军喜庆75岁生日，人民子弟兵展现新风貌。面对洪涝、台风等自然灾害，广大党员干部冲锋在前，大家众志成城、守望相助。无数劳动者、建设者、创业者，都在为梦想拼搏。我为国家勋章和国家荣誉称号获得者颁奖，光荣属于他们，也属于每一个挺膺担当的奋斗者。

当今世界变乱交织，中国作为负责任大国，积极推动全球治理变革，深化全球南方团结合作。我们推进高质量共建"一带一路"走深走实，成功举办中非合作论坛北京峰会，在上合、金砖、亚太经合组织、二十国集团等双边多边场合，鲜明提出中国主张，为维护世界和平稳定注入更多正能量。

我们隆重庆祝新中国成立75周年，深情回望共和国的沧桑巨变。从五千多年中华文明的传承中一路走来，"中国"二字镌刻在"何尊"底部，更铭刻在每个华夏儿女心中。党的二十届三中全会胜利召开，吹响进一步全面深化改革的号角。我们乘着改革开放的时代大潮阔步前行，中国式现代化必将在改革开放中开辟更加广阔的前景。

2025年，我们将全面完成"十四五"规划。要实施更加积极有为的政策，聚精会神抓好高质量发展，推动高水平科技自立自强，保持经济社会发展良好势头。当前经济运行面临一些新情况，有外部环境不确定性的挑战，有新旧动能转换的压力，但这些经过努力是可以克服的。我们从来都是在风雨洗礼中成长、在历经考验中壮大，大家要充满信心。

家事国事天下事，让人民过上幸福生活是头等大事。家家户户都盼着孩子能有好的教育，老人能有好的养老服务，年轻人能有更多发展机会。这些朴实的愿望，就是对美好生活的向往。我们要一起努力，不断提升社会建设和治理水平，持续营造和谐包容的氛围，把老百姓身边的大事小情解决好，让大家笑容更多、心里更暖。

在澳门回归祖国25周年之际，我再到濠江之畔，新发展新变化令人欣喜。我们将坚定不移贯彻"一国两制"方针，保持香港、澳门长期繁荣稳定。两岸同胞一家亲，谁也无法割断我们的血脉亲情，谁也不能阻挡祖国统一的历史大势！

世界百年变局加速演进，需要以宽广胸襟超越隔阂冲突，以博大情怀关照人类命运。中国愿同各国一道，做友好合作的践行者、文明互鉴的推动者、构建人类命运共同体的参与者，共同开创世界的美好未来。

梦虽遥，追则能达；愿虽艰，持则可圆。中国式现代化的新征程上，每一个人都是主角，每一份付出都弥足珍贵，每一束光芒都熠熠生辉。

河山添锦绣，星光映万家。让我们满怀希望，迎接新的一年。祝祖国时和岁丰、繁荣昌盛！祝大家所愿皆所成，多喜乐、长安宁！

资料来源：国家主席习近平发表二〇二五年新年贺词［EB/OL］. 新华网，2024-12-31.

【简析】这是国家主席习近平发表的2025年新年贺词。贺词深情回顾过去一年的奋斗历程和辉煌成就，吹响了新的一年风雨兼程再出发的奋斗号角，激荡起中华儿女奋进中国式现代化新征程的磅礴力量。

知识拓展

贺词、致辞、寄语的区别

贺词，作名词使用，意思是“在喜庆的仪式上所说的表示祝贺的话”。顾名思义，新年贺词就是在新年前夕，说的祝贺新年的话。这里既有对过去一年工作、生活、成绩的总结，又有对新一年的盼望和美好期许。致辞，作动词使用，意思是“在举行某种仪式时说勉励、感谢、祝贺、哀悼之类的话”。例如，在开幕式上，×××代表大会组委会致辞。寄语，作动词使用时，意思是“传话；转告话语”，如“寄语年轻的朋友们”“科学家寄语小读者”；作名词使用时，意思是“所传的话语，有时也指寄托希望的话语”，如新年寄语。

贺词、致辞、寄语，都可以在新年、春节来临之际说。贺词的使用范围小一些，只表示祝贺。致辞的使用范围更广泛，可以在多种场合使用。寄语的适用人群更大一些，人人都可以使用寄语。

作　业

1. 你的母校即将迎来100周年校庆，母校在教育教学、师资队伍建设、学生培养等方面取得了显著成就，培养了众多优秀校友。请你以校友的身份，为母校100周年校庆撰写一份书面型贺词，要求包含标题、称呼、正文和落款等部分，回顾母校的发展成就，表达对母校的感恩之情和美好祝愿。

2. 你的朋友陈朵朵创立的公司即将开业。其公司专注于在游戏领域发展，致力于为客户提供具有中华优秀传统文化特色的游戏产品。请你为陈朵朵的公司写一份开业贺词，既可以是简约型贺词，用精练的语言表达祝福；也可以是书面型贺词，详细阐述对公司未来发展的期望。

任务三 开幕词

学习情境

假设你所在的学校要举办一场大型的校园科技节，学校邀请了众多嘉宾，包括教育专家、兄弟学校代表、企业赞助商等。现在，你作为校园科技节筹备组的一员，需要阅读一些以往活动的开幕词，了解开幕词的行文特色，为撰写本次校园科技节开幕词做准备。

校园科技节开幕词

尊敬的各位领导，敬爱的专家学者，亲爱的兄弟学校的朋友们及现场的老师们、同学们：

大家好！在这个充满创新活力与无限可能的美好时刻，我们满怀期待地迎来了××学校第二届校园科技节的盛大开幕！

科技，既是推动社会进步的强大引擎，也是培养创新人才的关键力量。一直以来，我校高度重视科技创新教育，致力于为同学们搭建多元化的科技实践平台。过去的一年里，我校学生在各类科技竞赛中屡获佳绩，在机器人编程、科技创新发明等项目上展现了卓越的才能和创新精神。这些成绩的取得，离不开老师们的辛勤付出，离不开同学们对科技的热爱与执着追求。

本次校园科技节，我们精心策划了一系列精彩纷呈的活动，既有前沿的科技讲座，邀请行业专家为大家解读科技发展趋势；也有充满趣味的科技创意比赛，鼓励同学们发挥奇思妙想，将创意转化为实际作品；还有科技成果展示，集中展示我校师生的优秀科技成果，为大家提供相互学习、交流的机会。

在此，我代表学校全体师生，向出席本次校园科技节的各位领导、专家、嘉宾表示热烈的欢迎和衷心的感谢！感谢你们一直以来对我校科技教育事业的关心与支持。同时，也希望同学们能够珍惜这次难得的学习机会，积极参与各项活动，在科技的海洋中尽情遨游，激发创新思维，提升实践能力。

最后，预祝本次校园科技节取得圆满成功！祝愿各位领导、嘉宾在我校度过一段愉快而难忘的时光！

谢谢大家！

【情境学习任务】这是一份结构完整、内容丰富的开幕词。文中开篇首先点明活动主题，即校园科技节的开幕，营造热烈的氛围；接着回顾了学校在科技教育方面的过往成就，让大家对学校的科技实力有一定的认识；随后详细介绍了本次校园科技节的活动安排，使大家对活动内容有所了解。通过表达对嘉宾的欢迎与感谢，以及对同学们的期望，展现了开幕词在活动开场时的沟通与引领作用。

知识点

微课视频

开幕词

一、开幕词的概念和特点

（一）开幕词的概念

开幕词是在大型会议、重要活动开始时，由会议主持人或主要领导人发表的讲话，旨在宣布活动开幕、阐明活动宗旨、介绍活动背景和议程等，是活动正式开始的重要标志。它是一种具有指导性和宣告性的应用文体，能够为整个活动定下基调，引导参会人员更好地参与活动。

（二）开幕词的特点

1. 宣告性

开幕词的重要作用是宣告活动正式开始，向参会人员和社会各界传达活动启动的信息，标志着活动进入正式流程。

2. 引导性

开幕词通过介绍活动的宗旨、目的、议程等内容，为活动的开展指明方向，引导参会人员了解活动的核心内容和预期目标，使他们能够更好地参与到活动中。

3. 鼓动性

开幕词通过运用富有激情和感染力的语言，激发参会人员的兴趣和热情，营造积极向上的活动氛围，增强活动的吸引力和凝聚力。

4. 简洁性

开幕词应语言简洁明了，避免冗长复杂，在有限的篇幅内精准传达祝贺之意，突出重点内容。一些简短的节日贺词，用精练的语句传递祝福，让人一目了然。

二、开幕词的结构和写作要求

（一）开幕词的结构

1. 标题

常见的标题形式有以下几种。

（1）“会议或活动名称＋文种”：如“××学校校园科技节开幕词”，简洁明了，直接点明活动主题和文种。

（2）采用正副标题形式：正标题概括活动的主旨或意义，副标题注明活动名称和文种，如“创新驱动发展，科技引领未来——××学校第×届校园科技节开幕词”。

（3）文种：这种标题形式较为简洁通用，适用于一些在特定场合下的活动，通过上下文能够明确活动主题。

2. 称呼

顶格写参会人员的称呼。写作者要根据活动的性质和参会人员的身份，选择恰当的称呼。如果是正式会议，可使用“尊敬的各位领导、各位来宾”；如果是校园活动，面对师生和嘉宾，可采用“尊敬的各位领导、亲爱的老师们和同学们”等。为了表示尊重和亲切，还可以在称呼前加上修饰语，如“敬爱的”“尊敬的”等。

3. 正文

（1）开头。开头一般以宣布活动开幕为起始，如“我宣布，××活动正式开幕!”，同时简要介绍活动举办的背景、目的和意义，让参会人员对活动有初步的了解。

（2）主体。详细阐述活动的主要内容、议程安排等。如果是会议，应介绍会议的议题、讨论方向；如果是活动，应介绍活动的项目设置、亮点特色等。例如，在校园科技节开幕词中介绍科技讲座的主题、科技创意比赛的规则和要求等，使参会人员对活动流程有清晰的认识。

（3）结束。结束部分既可以表达对活动的美好期望和祝愿，如“预祝本次活动取得圆满成功!”；也可以对参会人员表示感谢和鼓励，增强活动的互动性和参与感。

4. 结尾

开幕词的结尾通常比较简洁，一般以“谢谢大家”等礼貌用语结束，向参会人员表示感谢，同时标志着开幕词的结束。

（二）开幕词的写作要求

1. 主题鲜明

开幕词必须紧扣活动主旨，开门见山，避免冗长铺垫，直接点明核心内容，确保听众第一时间把握重点。

2. 内容精炼

开幕词应简洁有力，突出重点，避免泛泛而谈。

3. 语言生动

开幕词的语言需庄重得体，同时富有感染力。根据场合调整语体风格，适当运用排比等修辞手法，增强表达效果，调动现场氛围。

4. 时效突出

开幕词需在活动开始时传达核心信息，内容应紧贴活动主题，避免滞后或脱离实际。

三、例文分析

【例文 4.3】

共青团××市第×次代表大会开幕词

各位领导，各位代表，同志们：

和着党的二十大奏响的前进节拍，伴着市×次党代会吹响的发展号角，迈着××新征程建设的有力步伐，共青团××市第×次代表大会今天隆重开幕了！

这次大会是在中共××市委和共青团××省委的直接领导和亲切关怀下召开的。今天，市委、市人大、市政府、市政协、军分区和团省委领导，以及市直有关部门的领导、各县市区分管共青团工作的领导莅临我们的大会。这充分体现了党和政府对青年一代的热忱关怀，体现了社会各界对共青团工作的高度重视。在此，请允许我以大会的名义，向出席会议的各位领导和来宾，向关心和支持青少年工作的相关部门、社会各界，向全市广大团干部和团员青年表示衷心的感谢并致以崇高的敬意！

让我们更加紧密地团结起来，在市委和团省委的正确领导下，抢抓新机遇、迎接新挑战，团结带领全市广大青年坚定信念、勇担使命，凝心聚力、创先争优，投身科学发展，推进跨越发展，共建美丽××，以昂扬向上的斗志和青春奋进的激情，在建设富裕文明和谐新××的崭新征程中，奏响无愧于时代的青春乐章！

最后，预祝大会取得圆满成功！

【简析】这篇开幕词结构严谨，语言庄重且富有感染力，充分体现了会议的隆重和重要意义。开篇点明了大会的时代意义，随后介绍了与会领导和嘉宾，表达了对党和政府及社会各界的关怀、支持的感谢，展现了工作的社会认可度。主体部分号召全市青年坚定信念、勇担使命，投身科学发展，体现了对青年一代的殷切期望和激励。结尾以预祝大会圆满成功收束，简洁有力。

作　业

1. 学校计划举办一场以“传承经典，弘扬文化”为主题的校园文化节，活动包括诗词朗诵比赛、传统文化讲座、民俗艺术展览等。请你以学校学生会主席的身份，为本次校园文化节撰写一份开幕词，要求包含标题、称呼、正文和结尾，体现活动主题，语言生动且富有感染力。

2. 你所在的班级要组织一次“模拟联合国”活动，活动旨在让同学们了解国际事务，锻炼外交谈判和沟通能力。请你为这次活动写一份开幕词，自选标题形式，注意称呼恰当、正文内容完整、结尾简洁有力。

任务四　欢迎词

学习情境

你所在的学校迎来了一个来自友好学校的交流访问团。学校安排你撰写一份欢迎词，用于向来访的师生表达欢迎之情。为了完成这个任务，你需要阅读一些欢迎词，了解欢迎词的行文特色。

欢迎词

尊敬的××学校的各位领导、老师，亲爱的同学们：

大家好！在这阳光明媚、充满生机的美好时节，我校满怀喜悦与期待，热烈欢迎你们前来交流访问！

一直以来，我校与各友好学校都保持着紧密的联系与深厚的情谊。我们在教育理念、教学方法等方面有着共同的追求，也在不断的交流合作中相互学习、共同进步。在过去的交流活动中，我们共同举办的学术研讨会，让两校师生在思想的碰撞中收获颇丰；学生之间的文化交流活动，增进了彼此的了解与友谊，留下了许多美好的回忆。

你们此次来访，提供了一次难得的深入交流的机会。在接下来的交流访问期内，我校为大家精心安排了丰富多样的活动——不仅有精彩纷呈的课堂观摩，让大家感受我校独特的教学风格和师生互动模式；还有校园文化体验活动，带大家领略我校丰富多彩的社团文化、独具特色的校园景观。我校也期待着与你们共同探讨教育教学中的新问题、新思路，分享彼此的经验与成果。

在这里，我代表全校师生，再次向各位来访的朋友表示最热烈的欢迎！希望大家在我校能够度过一段愉快、充实的时光，收获知识与友谊。也祝愿两校的交流合作能够不断深化，友谊之树常青！

谢谢大家！

【情境学习任务】这是一份结构清晰、情感真挚的欢迎词。开篇首先直接表达对来访人员的热烈欢迎，营造热情友好的氛围；接着回顾了两校过往的交流成果，强调了双方的友好关系；然后详细介绍了此次交流访问期间的活动安排，让来访人员心中有数；最后再次表达欢迎之情和对交流活动的美好期望。本篇文章展现了欢迎词在社交和交流活动中的重要作用。

欢迎词作为一种应用文体，在各类迎来送往的场合中广泛应用。它不仅体现了对来访人员的一种礼貌和尊重，更是搭建交流平台、增进彼此了解和友谊的重要媒介。通过学习欢迎词的写作，我们能够更好地在不同场合表达欢迎之意，促进沟通与合作，提升应用文写作能力。

知识点

微课视频

欢迎词

一、欢迎词的概念和特点

（一）欢迎词的概念

欢迎词是在迎接宾客、举行会议、开展活动等场合，主人对客人的到来表示欢迎的讲话文稿。它是一种社交礼仪性的应用文体，用于向来访人员传达热情友好的态度，为双方的交流与合作奠定良好的基础。

（二）欢迎词的特点

1. 欢愉性

欢迎词的语言基调是欢快、热情的，充满喜悦的，可以让来访人员感受到主人的诚意和友好，以营造轻松愉快的氛围。

2. 针对性

来访人员、场合和目的不同，欢迎词的内容会有所不同。例如，欢迎专家学者来访，欢迎词会涉及学术交流方面的话题；欢迎学生交流团，更多地涉及校园生活和文化体验。

3. 口语化

欢迎词通常是在线下活动现场直接表达的，语言通俗易懂、自然流畅，符合口语表达习惯，便于听众理解和接受。

4. 简短性

欢迎词的篇幅一般不宜过长，简洁明了地表达欢迎之意、介绍相关情况和表达期望即可，避免冗长复杂，以免让听众感到厌烦。

二、欢迎词的结构和写作要求

（一）欢迎词的结构

欢迎词一般由标题、称呼、正文、结尾四个部分组成。

1. 标题

（1）文种：直接写“欢迎词”简洁明了，适用于各种欢迎场合，让人一眼就能明白文章的性质。

（2）“活动名称＋欢迎词”：如“××学校交流访问欢迎词”，明确了来访人员和活动背景，使标题更具针对性。

（3）主副标题形式：主标题表达欢迎的主旨或营造氛围，副标题注明来访人员和场合。例如，“携手共进，共创未来——欢迎××企业合作代表团来访”。

2. 称呼

顶格写来访人员的称呼。写作者应根据来访人员的身份和场合，选择恰当的称呼。如果是正式场合，有多位嘉宾，可使用“尊敬的各位领导、各位来宾”；如果是针对特定群体，如学生交流团，可称呼“亲爱的同学们”。为了表示尊重和亲切，还可以在称呼前加上修饰语，如“敬爱的”“尊贵的”等。

3. 正文

（1）开头：通常以热情洋溢的语言表达欢迎之意，直接点明欢迎的对象和事由，如“今天，我们怀着无比激动的心情，热烈欢迎×××来访”。

（2）主体：既可以回顾双方的友好交往历史，提及过往交流合作的成果和美好回忆；也可以介绍活动的安排、本地或本单位的基本情况、特色优势等。例如，在欢迎企业合作代表团时，介绍本公司的业务范围、技术实力和发展前景；在欢迎游客时，介绍当地的旅游景点、风土人情。

（3）结尾：再次表达欢迎之情，对来访人员在活动期间的体验表示祝福，如“希望大家在这里度过一段难忘的时光”；表达对未来进一步交流合作的期望，如“期待我们在未来能够开展更深入、更广泛的合作”。

4. 结尾

欢迎词的结尾一般用简短的话语表示感谢，如“谢谢大家”，使整个欢迎词显得礼貌、得体。

（二）欢迎词的写作要求

1. 感情真挚

写作者要发自内心地表达欢迎之情，让来访人员真切感受到热情。欢迎词应避免使用空洞、生硬的语言，要以真诚的态度感染来访人员。

2. 语言得体

根据不同的场合和对象，选择合适的语言风格。正式场合的欢迎词语言要庄重、规范；而在较为轻松的场合，语言可以活泼、亲切；同时，要注意用词准确，避免使用不当或容易引起误解的词汇。

3. 内容充实

在欢迎词有限的篇幅内，既要表达欢迎之意，又要提供有价值的信息；要结合实际情况，突出重点，让来访人员对活动或接待方有更深入的了解；避免内容空洞、泛泛而谈。

4. 条理清晰

欢迎词的结构要清晰，按照顺序组织内容，各部分之间过渡自然；在阐述观点和介绍情况时要有条理，使来访人员能够轻松跟上思路。

三、例文分析

【例文 4.4】

××学校交流访问团欢迎词

尊敬的××学校交流访问团：

大家好！

在这阳光明媚、充满希望的日子里，我校全体师生怀着无比激动的心情，热烈欢迎各位的到来！

回顾两校的友好交往历程，那是一段充满收获与感动的美好时光。过去几年间，我们与贵校多次开展师生互访活动。在学科竞赛中，两校学生共同探讨难题，碰撞出思维的火花，多次在省级数学建模、英语演讲比赛中斩获佳绩。在校园文化交流活动里，我们互相分享各具特色的社团文化，我校的书法社与贵校的绘画社还联合举办了艺术展览，吸引众多师生参观，共同增进对文化的热爱。

此次交流访问，我校精心筹备。在课堂观摩环节，我校安排了语文、数学、物理等多门优质课程的观摩活动，让大家深入了解我校的教学模式；在学术研讨会上，我们会围绕教育创新、人才培养等热点话题展开交流；在校园文化体验活动中，大家可以参与手工制作、民俗表演等项目，亲身感受我校丰富多彩的文化生活。

再次向各位表示热烈欢迎！祝愿大家在我校交流期间，每一天都过得充实而有意义，收获知识与友谊。期待我们以此为契机，在未来进一步深化合作，共同探索教育新路径，为培育全面发展的优秀人才贡献力量。

谢谢大家！

【简析】这篇欢迎词语言风格热情洋溢，开篇描绘美好氛围，表达欢迎之意，尽显东道主诚意。在结构方面，本篇文章从欢迎到回顾合作、介绍本校、阐述活动安排，再到展望未来，层次清晰、逻辑连贯；在内容方面，本篇文章用具体事例展现合作成果，全面介绍学校，精心安排活动，紧扣交流主题，兼顾情感与实际。

知识拓展

欢迎词和欢送词的区别

欢迎词和欢送词虽都用于社交与活动场合，但存在明显区别。在使用场景方面，欢迎词用于迎接宾客、团队，如学校迎接交流访问团；欢送词则在宾客即将离开时使用，如毕业生离校、访问团结束行程。在表达目的方面，欢迎词旨在表达欢迎与友好，让来宾感受热情；欢送词侧重感谢与祝福，回顾相处点滴，送上离别祝愿。在语言侧重点方面，欢迎词多展现期待与热情；欢送词饱含不舍与感恩，情感更为深沉，二者共同丰富了社交活动的礼仪表达。

作　业

1. 学校即将举办国际教育交流论坛，邀请了来自多个国家的教育专家和学者。请你以学校校长的身份，为本次论坛撰写一份欢迎词，要求结构完整，体现国际交流的主题，语言庄重且热情，展现学校对国际教育交流的重视。

2. 你所在的班级迎来了一位新老师。这位老师即将在班级中开展教学工作。为了让新老师感受到班级的热情，增强师生之间的亲近感，请你代表全班同学为新老师写一份欢迎词。你可以选择以“欢迎词”作为标题，也可以采用其他合适的标题形式，注意称呼亲切，内容真诚、富有感染力。

任务五　欢送词

学习情境

毕业季悄然来临，校园里充满离别的气息。毕业生在校园度过了难忘的时光，他们满怀不舍又憧憬着未来。于是，学生会主席小源召集学生会干部开了一次筹备会，共同商议毕业生欢送会的相关事宜。大家回顾了毕业生在校期间的精彩瞬间和成长历程，考虑到时间安排和活动氛围营造，初步确定了文艺表演、毕业生代表发言、赠送纪念礼物等环节。小源要依据会议讨论的成果，撰写这场毕业生欢送会的欢送词。

【情境学习任务】欢送词是在送别场合表达惜别、感谢与祝福的应用文体，具有情感真挚、语言简洁、富有感染力的特点。从情感表达看，毕业季的离别氛围及对校园时光的回顾，能让小源在欢送词中自然融入不舍与留恋之情。时间安排和活动环节的确定，为语言简洁性提供依据，欢送词内容可围绕重点环节进行阐述。而毕业生的成长历程、精彩瞬间则是增强感染力的素材，能唤起共鸣，让欢送词更具温度与力量。

知识点

一、欢送词的概念和种类

（一）欢送词的概念

欢送词是在送别场合，讲话人对他人的离去表示热烈欢送的讲话文稿，旨在表达惜别之情，感谢过往的合作与交流，同时送上美好的祝福。欢送词的语言通常热情洋溢、真挚动人，篇幅简短，内容紧扣送别主题。

（二）欢送词的种类

1. 会议欢送词

在各类会议结束时，主办方对参会人员表达感谢与祝福时会用到会议欢送词。例如，学术研讨会闭幕时，主办方感谢大家带来的思想碰撞，期待未来再相聚，共同探讨学术问题。

2. 活动欢送词

活动欢送词常用于比赛、培训等活动结束时，向参与者告别，如演讲比赛结束，主办方对选手的精彩表现予以肯定，欢送大家回归生活，希望大家持续热爱演讲。

3. 工作欢送词

当有同事离职、退休，或是合作伙伴结束合作时，为表达对其工作贡献的认可与感激会用到工作欢送词。例如，有同事离职，会回顾其工作中的点滴，感谢其为团队做出的努力。

4. 旅行欢送词

导游在游客旅行结束时，感谢游客的配合，会在旅行欢送词中回忆美好的旅行时光，欢迎游客再次选择本旅行社。

二、欢送词的结构和写作要求

（一）欢送词的结构

欢送词的结构由标题、称呼、正文、结尾、落款五个部分构成。

1. 标题

标题是欢送词的“眼睛”，直接表明文体的同时，也能吸引听众的注意。简单的标题可直接用“欢送词”，主副标题形式则更具表现力。主标题可运用富有感染力的语句，副标题点明具体场景。

2. 称呼

称呼是致辞人与听众的首次“接触”，恰当的称呼能瞬间拉近彼此的距离。面对不同对象，称呼也需作调整，以体现尊重与热情。

3. 正文

正文是欢送词的核心内容。开篇先表达欢送的情绪，奠定情感基调；中间回顾过往，选取具有代表性的事件，唤起大家共同的回忆；最后送出祝福，涵盖对未来的期许，使内容完整且富有希望。

4. 结尾

结尾起到收束全文、强化情感的作用。结尾应用简洁有力的话语再次表达惜别之情和祝福。

5. 落款

落款虽简短，却不可或缺。在正文右下方写上致辞人姓名和致辞日期，明确欢送词的来源和时间背景，可以方便日后查阅和追溯。

（二）欢送词的写作要求

1. 情感真挚，贴合身份

欢送词要根据不同的欢送对象，选用恰当称呼，精准指向不同的欢送对象，体现对欢送对象的尊重。欢送词中避免使用空话、套话。例如，毕业送别可用校园生活中的具体细节（如课堂互动、社团活动、宿舍趣事等）传递不舍与祝福，自然流露情感，体现同学间、师生间的真实情谊。

2. 内容聚焦，突出回忆与展望

欢送词要围绕共同经历的时光展开，选取有代表性的事件或场景引起共鸣，同时结合欢送对象即将开启的生活，给予针对性的鼓励与期许，既有回忆的温暖也有对未来的憧憬，避免内容偏离欢送主题。

3. 语言生动，兼具感染力与分寸感

欢送词中可适当运用青春活泼的语句增强亲和力，但要把握尺度，不能过于随意；同时通过真诚的话语引发情感共鸣，让欢送对象感受到诚意。

4. 结构清晰，篇幅适中

开头简明扼要表达欢送之意，中间部分围绕回忆、祝福等核心内容展开，结尾以精练的话语收尾，整体篇幅不宜过长。

三、例文分析

微课视频

欢送词语言风格

【例文 4.5】

毕业生欢送会欢送词

亲爱的毕业生们：

大家好！

在这个蝉鸣不止的夏天，校园里的每一寸空气都弥漫着离别的愁绪与对未来的期许。我满怀深情与荣幸，以学生会主席的身份，代表全校师生，为即将奔赴星辰大海的你们，送上最诚挚的告别。

还记得初入校园时，青涩的你们怀揣着梦想与憧憬，眼中闪烁着对未来的好奇。军训的操场上，烈日炎炎，汗水湿透了衣衫，可没有一个人轻言放弃。拉歌时那此起彼伏的嘹亮口号，是你们青春活力的初绽。在社团招新的摊位前，你们兴奋地穿梭其中，书法社里认真临摹的专注神情、辩论社中据理力争的激昂言辞、志愿者协会里传递爱心的温暖笑容，都成为校园一道道独特的风景线。

课堂上，你们和老师热烈探讨学术问题，为了一个观点争得面红耳赤，思维的火花在教室里不断碰撞。熬夜备考的日子里，图书馆灯火通明，大家相互鼓励、分享资料，那一本本写满笔记的书籍，是你们努力的见证。校园的四季更迭，都有你们的身影。春天，你们在樱花树下拍照留念；秋天，金黄的银杏叶铺满了小路，你们漫步其中，畅谈着理想与未来。

毕业的钟声无情敲响，熟悉的校园即将成为回忆，而你们即将踏上新的征程。未来的路或许荆棘丛生，会有风雨、会有迷茫，但请一定相信，你们在校园里积累的知识、磨炼的意志、收获的挚友，都是你们最坚实的铠甲。无论未来身处繁华都市，还是偏远小镇，无论成为科研精英、职场达人，还是平凡岗位上默默奉献的一员，都要坚守心底的热爱与善良。

愿你们在工作中，以无畏的勇气开拓创新；在生活里，用乐观积极的心态拥抱每一个朝阳与晚霞。遇到挫折时，想想校园里那些跌倒又爬起的日子；收获成功时，记得与母校分享这份喜悦。

最后，千言万语汇成一句：愿你们此去繁花似锦，再相逢依然如故。母校的大门永远为你们敞开，这里永远是你们温暖的港湾。

谢谢大家！

致辞人：小源

××××年××月××日

【简析】从文体角度看，这篇欢送词格式规范，开篇以“亲爱的毕业生们”称呼，亲切自然。正文情感真挚，先点明毕业季的离别氛围，奠定情感基调，勾起毕业生的不舍之情；接着通过回忆军训、社团活动、课堂学习等校园生活细节，唤起共同记忆，贴合欢送词回顾过往的写法；随后对毕业生的未来送上祝福，鼓励他们勇敢前行，语言富有感染力，能有效激发情感共鸣；结尾再次表达祝愿与期盼，简洁有力，符合欢送词收束全文、强化情感的要求。

知识拓展

突破传统：欢送词在语言、创新中的蜕变

一、语言风格的多样性

欢送词的语言风格并非一成不变的，可根据场合和对象灵活调整。在正式商务场合，语言应庄重、严谨，体现专业与尊重；在学校、社区等较为轻松的氛围里，如毕业生欢送词，可采用亲切、活泼且富有情感的语言，增强感染力，让听众更易产生共鸣。

二、创新表达方式

随着时代发展，欢送词也可融入新元素实现创新。除了传统的口头表达，还能结合多媒体形式，如制作包含过往照片、视频的PPT，在致辞时同步展示，使欢送词更生动形象。此外，加入一些流行文化元素、网络热梗，能让欢送词更贴合年轻群体，增添趣味性和时代感，但要注意把握好度，避免过度使用导致内容低俗或偏离主题。

作　业

1. 在一场企业高层领导离职的欢送会上，什么样的语言风格最合适？（　　）

A. 亲切活泼　　B. 庄重严谨

C. 幽默风趣　　D. 随意轻松

2. 欢送词的正文部分通常不包括（　　）。

A. 表达欢送之情　　B. 展望未来合作

C. 详细的个人生平　　D. 回顾共同经历

3. 在撰写欢送词时，（　　）是不符合要求的。

A. 篇幅冗长，重点不突出　　B. 根据不同对象调整内容

C. 语言简洁明了　　D. 情感真挚自然

4. 将多媒体形式融入欢送词中，以下做法中最恰当的是（　　）。

A. 播放与主题无关的视频　　B. 展示模糊不清的照片

C. 制作与内容紧密相关的PPT　　D. 全程播放嘈杂的音乐

5. 当为社区退休老人举办欢送会时，欢送词语言风格应（　　）。

A. 专业严肃　　B. 简洁明了　　C. 亲切温暖　　D. 华丽优美

任务六　答谢词

学习情境

在某高校的年度社团表彰大会上，学校的各大社团齐聚一堂，共同见证这一荣耀时

刻。张衡所在的摄影社团凭借过去一年里在校园文化传播方面的突出贡献，荣获了“年度最佳社团”称号。而张衡作为摄影社团的负责人，在社团的发展过程中发挥了关键作用，从活动策划、组织拍摄到后期宣传，每一个环节都亲力亲为。他带领团队成员用镜头记录下校园里的四季美景、师生们的精彩瞬间，还举办了多场高质量的摄影展览，丰富了校园文化生活。此刻，站在领奖台上，面对台下众多老师、同学及其他社团成员，张衡心中满是激动与感恩。他深知这份荣誉不仅属于自己，更属于整个摄影社团。为了表达对学校、社团成员及一直支持社团发展的老师和同学们的感激之情，张衡准备了一篇饱含深情的答谢词，希望通过这篇答谢词，感谢所有曾帮助社团成长的人，传递摄影社团的热情与信念。

【情境学习任务】在庄重的表彰大会上发言，符合答谢词在公开场合致谢的特性。此篇答谢词的主体为张衡，对象涵盖学校、师生与社团成员，满足答谢词精准定位感恩对象的要求。过往活动细节，如策划拍摄、举办展览等，为答谢词提供了丰富素材，可借此回顾社团成长历程，融入真挚情感，通过表达感激强化社团凝聚力、展现社团精神、传播社团文化，让答谢词兼具情感性与宣传性。

知识点

微课视频

答谢词

一、答谢词的概念和特点

（一）答谢词的概念

答谢词是在特定场合，如获得荣誉、受到款待、得到帮助等情境下，向给予支持、帮助、关怀的对象表达感激之情的一种应用文体。

（二）答谢词的特点

1. 目的明确

答谢词的核心目的就是清晰且真诚地向对方致谢，让对方感受到自己的付出被重视和认可。

2. 情感真挚

答谢词需饱含真情实感，不能流于表面或敷衍。只有真诚的情感才能引起听众的共鸣。

3. 针对性强

写作答谢词时要明确答谢对象，内容紧密围绕答谢对象给予的帮助、支持等展开，精准传达感谢之意。

4. 语言简洁

答谢词篇幅不宜过长，用简洁明了的语言表达核心感谢内容，避免冗长繁杂，以免让听众感到厌烦。

5. 注重礼仪

答谢词遵循一定的语言规范和社交礼仪，用词恰当、表达得体，符合场合氛围和自身身份。

二、答谢词的种类

答谢词根据不同的表达场景和目的，大致可分为以下几类。

（一）谢恩型答谢词

谢恩型答谢词主要用于感谢他人在自己成长、事业发展等过程中给予的帮助、支持与引导，重点在于表达自身对于他人恩情的铭记。

（二）谢事型答谢词

谢事型答谢词聚焦于对特定事件中相关人员的付出表示感谢，强调在事件进程里各方给予的协助。

（三）谢礼型答谢词

当收到礼物、奖金、奖品或获得荣誉等时，谢礼型答谢词用以表达对赠予者的感激之情，体现对馈赠的珍视与回应。

（四）欢迎型答谢词

欢迎型答谢词是在被邀请参加活动并受到热情欢迎后使用，用以感谢主办方的盛情邀请和周到安排。

（五）告别型答谢词

告别型答谢词用在离开某个团体、组织或活动时，向曾经给予自己帮助和陪伴的人表达谢意。

三、答谢词的结构和写作要求

（一）答谢词的结构

答谢词包括标题、称呼、正文和结尾。

1. 标题

标题位置在正文顶端居中，一般有两种形式：一是直接用“答谢词”三字作为标题，简洁明了；二是采用主副标题的形式，主标题展现情感、主题，副标题注明场合、事件等，让读者对答谢背景有初步了解。

2. 称呼

称呼在标题下一行顶格书写，依据答谢对象的身份、关系，选用恰当、尊敬的称呼，可使用“尊敬的”“亲爱的”等修饰词，以体现尊重与礼貌。

3. 正文

正文作为核心内容，先开门见山表达诚挚的感谢，让答谢对象感受到真诚；再回顾相关经历，如合作过程、受到帮助的具体场景等；最后可适当展望未来，表达期待与愿景。

4. 结尾

结尾以简洁的语言再次表达感谢，也可送上美好祝愿，强化情感，给答谢对象留下深刻印象，让答谢更具感染力。

（二）答谢词的写作要求

语言要简洁明了，避免复杂冗长的表述；同时，应情感真挚，避免使用空话、套话，让答谢对象切实感受到诚意；符合礼仪规范，用词得体，契合场合氛围。

四、例文分析

【例文 4.6】

摄影社团获奖答谢词

尊敬的各位老师、亲爱的同学们：

大家好！

此刻站在这里，手捧着“年度最佳社团”的奖杯，我的心情无比激动，千言万语都汇聚成了最诚挚的感谢。

首先，我要衷心感谢学校。学校为我们提供了广阔的平台，让摄影社团得以发展。丰富的校园活动为我们提供了取之不尽的素材；包容的学术氛围，让我们能够大胆创新、自由探索。没有学校的支持，就没有摄影社团的今天。

其次，我要感谢每一位社团成员。过去的一年，我们一起扛着相机穿梭在校园的各个角落，用镜头捕捉清晨的第一缕阳光，记录夜晚的璀璨星空；我们为了一场摄影展览，一起熬夜筛选照片、精心布置场地。每一张精彩的照片背后，都有大家的汗水与付出；每一次活动的成功举办，都离不开大家的齐心协力。因为有你们，摄影社团才充满了活力与温暖。

再次，我要感谢一直支持我们的老师们和同学们。感谢老师们在技术上的指导、在创意上的启发，让我们的作品不断进步；感谢同学们对我们社团活动的关注，你们的喜爱是我们前进的动力。

这份荣誉，不仅是对我们过去努力的肯定，更是对我们未来的鞭策。摄影社团将继续秉持着对摄影的热爱，用镜头讲述更多校园故事，传递更多美好瞬间。我们也期待能与更多的同学、老师一起，用摄影记录生活，用影像传递温暖。

最后，再次感谢每一位给予我们帮助和支持的人！愿我们的校园因摄影而更加精彩！

谢谢大家！

【简析】这篇答谢词结构清晰，符合文体规范。开篇以激动心情直抒感谢、点明主旨；

主体部分从感谢学校、社团成员、师生三个层面展开，答谢对象明确且全面，具有针对性；在语言表达上，用词真诚质朴，如“一起扛着相机”“一起熬夜”等表述，生动描绘了社团成员的经历，充满真情实感；结尾再次感谢并送上祝福，强化情感，语言简洁有力，整体很好地展现了答谢词的写作要点。

知识拓展

答谢词的语言风格与适用场景

1. 语言风格的多样性

答谢词的语言风格应根据场合和对象灵活调整。在正式严肃的商务活动或重要仪式上，语言需庄重、严谨，使用规范的书面语；而在轻松的朋友聚会、小型社团活动中，口语化表达会更显亲切自然。

2. 适用场景的延伸

除了获奖、受助等常见场景，答谢词还广泛应用于离别、访问、接待等场合。例如，毕业生告别母校、访问团结束交流访问、主办方感谢受邀嘉宾等，可以通过答谢词表达感恩、不舍或欢迎之情，促进情感交流与关系维护。

作　业

1. 关于答谢词中对答谢对象的称呼，（　　）最为恰当。

A. “喂，大家听好了”　　B. “各位朋友”

C. “嘿，小伙伴们”　　D. “那个谁”

2. 在公司年会上，某员工代表发表答谢词，最合适的开头是（　　）。

A. “今天这奖给我，我太震惊了，感谢大家啊”

B. “很荣幸能在此次公司年会上发言，在此，我谨代表全体员工，向公司领导和同事们表达最诚挚的感谢”

C. “我也不知道说啥，反正谢谢就完事儿了”

D. “家人们，谁懂啊，能站这儿太不容易了”

3. 答谢词的结尾一般不会包含（　　）的内容。

A. 再次表达感谢　　B. 展望未来

C. 提出无理要求　　D. 送上美好祝福

4. 以下关于答谢词的表述，正确的有（　　）。

A. 要使用生僻词汇

B. 可以随意使用网络流行语，增加趣味性

C. 语言应符合自身身份和场合氛围

D. 为了增强效果，可大量使用专业术语

5. 受邀参加文化交流活动并发表答谢词时，需要考虑（　　）。（多选）

A. 活动的参与人数　　B. 自身的健康状况

C. 受众的文化背景　　D. 当天的天气情况

6. 请简要说明在朋友生日聚会上的答谢词和在公司重要项目庆功会上的答谢词，在语言风格上有何不同。

项目五　商务文书

内容提要

本项目介绍了意向书、合同、协议书、招标书、投标书和商务信函的概念、特点及写作要求。

思维导图

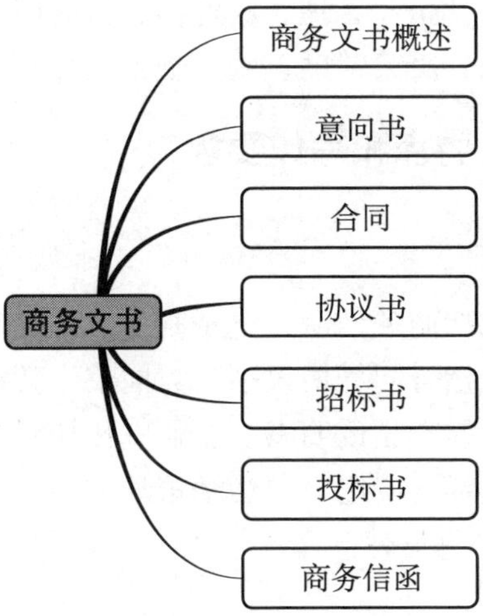

学习目标

- **素质目标：**

1. 培养敬业精神、诚信意识；
2. 培养沟通协作、创新与应变素质。

- **知识目标：**

1. 了解意向书、合同、协议书、招标书、投标书和商务信函的概念、特点及写作要求；
2. 熟悉意向书、合同、协议书、招标书、投标书和商务信函的结构。

- **技能目标：**

1. 能够规范撰写意向书、合同、协议书、招标书、投标书和商务信函；
2. 能够熟练运用专业术语，精准传达复杂的商务信息与交易要点。

项目导入

在复杂的商务运作中，商务文书举足轻重，各类商务活动都离不开它。例如，企业与合作伙伴洽谈合作，会拟定合作意向书和合同，明确双方共同意愿、权利、义务；当两家或多家企业为实现长期共同发展目标，在技术研发、市场拓展、资源共享等方面达成合作意向时，会签订战略联盟协议书；企业进行大规模生产设备采购和服务项目招标时会发出招标书；设备供应商则会针对企业的设备采购招标书撰写投标书；在开拓市场时，需向潜在客户发送商务信函，精准传达产品或服务优势。如何才能规范地书写各种商务文书呢？

商务文书概述

一、商务文书的概念

商务文书是指在商务往来、企业管理、商业信息沟通时所使用的各种文书的总称。它主要起到信息传递、凭证记录、决策辅助、约束规范的作用。

二、商务文书的种类、特点和写作要求

（一）商务文书的种类

（1）商务沟通函件类：包括商务信函、电子邮件、传真等。
（2）商务合作契约类：包括合同、协议书、意向书、招标书、投标书等。
（3）商务信息展示类：包括产品说明书、企业宣传册、市场调研报告等。
（4）商务事务安排类：包括会议纪要、活动策划方案、日程安排表等。

（二）商务文书的特点

（1）格式与表达严格遵循规范：商务文书在格式上有着明确且固定的要求，采用严谨、正式的语言风格。

（2）内容精确无误：商务文书承载的信息必须真实、准确。商务文书对用词的精准度要求极高，如“定金”与“订金”虽读音相近，但法律属性截然不同。

（3）严格受限于时间因素：许多商务文书都设有明确的时间限制，这对商务活动的有序推进至关重要。商务文书的内容需紧密贴合当下的商业环境与实际情况。

（4）表达简洁高效：商务文书注重用简洁明了的语言传递信息，避免冗长复杂的表述。合理的结构布局是商务文书的重要特征，通常采用“总—分”“总—分—总”等逻辑清晰的结构。

(5) 高度重视信息保密：部分商务文书涉及企业的核心商业秘密，如战略规划、财务报表、客户信息等。在商务合作过程中，双方可能会签订保密协议，明确规定对在合作中知悉的对方的商业秘密予以保密。

（三）商务文书的写作要求

(1) 精准定位写作目标：撰写商务文书前，务必明确写作目的。根据既定目的，商务文书内容构建需具有高度针对性。

(2) 确保内容真实可靠：商务文书承载的信息必须真实、准确，经得起推敲。特别是在合同、协议等具有法律效力的文书中，对于时间、金额、数量等关键信息，必须使用明确、无歧义的表述。

(3) 严格遵循格式规范：不同类型的商务文书具有不同的标准化的格式。在排版方面，字体、字号、行距、页边距等细节都不容忽视。

(4) 运用恰当语言风格：商务文书应秉持正式、规范的语言风格，摒弃口语化、随意性的表达；应根据写作目的与受众，合理调整语气。

(5) 构建合理逻辑结构：商务文书需具备清晰合理的结构框架，通常按照开头、主体、结尾的逻辑顺序组织内容。为确保内容的连贯性与逻辑性，可借助连接词、过渡句等手段。

任务一　意向书

学习情境

阅读一份简短的意向书，了解意向书的行文特色。

合资生产××产品的意向书

2025年3月1日至3月7日，英国××公司（以下简称甲方）×××先生与我国××自动化设备厂（以下简称乙方）厂长××先生就双方合资生产××产品事宜，进行了多次商谈。现达成初步意向如下。

一、合资生产的××产品，年生产量初步确定为××吨。

二、双方投资比例初步确定为：投资总额××万元人民币，其中甲方占60％，乙方占40％。

三、生产××产品年利润预计达到约××万元人民币，双方按投资比例分成或另行商议，利润分配方式将在签订合同时予以明确。

四、该合资项目预定在2026年6月前正式投入生产。

五、双方于2025年4月16日前准备好各自的可行性研究报告及有关资料。2025年5月前由乙方编写项目建议书上报行政主管部门，批准后即告知甲方。

六、未尽事宜，双方将及时沟通，进而形成商谈备忘。双方在正式生产前签订生产

××产品合同。

七、本意向书壹式贰份，双方各执壹份。

甲方：英国××公司（盖章）　　乙方：中国××自动化设备厂（盖章）

甲方代表：×××（签字）　　乙方代表：××（签字）

日期：2025 年 3 月 7 日　　日期：2025 年 3 月 7 日

【情境学习任务】这是一份结构完整、条理清晰的意向书。文中“利润分配方式将在签订合同时予以明确”等，均体现了意向书的特点。通过该份意向书，双方明确了合资生产××产品的共同意愿及实现这一意愿的初步安排。这份意向书将是今后双方开展合作的基础，对相关业务的开展具有指导性和约束力。意向书的运用十分广泛，我们要仔细探究意向书的特点、种类和写作要求，以有效提高撰写意向书的能力。

知识点

一、意向书的概念和特点

（一）意向书的概念

意向书最早源于证券市场，在公司向证券交易委员会注册以获得股票发行资格前，证券发行公司经常与承销商订立一个文件，规定注册完成之时签订承销协议，并注明该文件是不具有法律约束力的“君子协定”。

目前，意向书在我国市场经济交易中运用比较广泛，涉及房地产交易、公司并购、股权转让等诸多领域。广义的意向书是指在合同磋商过程中形成的一切冠以意向书或类似名称的书面文件；狭义的意向书是指正式合同成立前，就合同有关程序和实体性事项达成合意而签订的不赋予其合同效力的文件。广义的表述承认意向书与合同可能存在的交叉关系，而狭义的表述排除意向书与合同交叉的可能性。[①] 本教材讨论的意向书指的是狭义的意向书。

（二）意向书的特点

微课视频

意向书的特点

1. 过程性

意向书是合同成立前产生的过程性文件，当事各方均可按自己的意图和目的提出意见，对某一项目提出方案和设想。在正式签约前，意向书的内容可以变更或补充；在正式签约之后，意向书的使命即告终止。

2. 暂时性

意向书只是表达商谈的初步成果，记录当事各方的基本观点，为今后的进一步合作作

① 郭魏．意向书的法律性质和效力［J］．人民司法：2015（22）：27－32＋1.

铺垫。一旦最终确定了合作各方的权利和义务，一般会签订正式合同，不会徒增意向书这样一道程序，除非有特殊因素造成暂不签订正式合同。

3. 商议性

意向书是当事各方平等协商的产物，多以商量的口吻，有时还用假设、询问的口气，不具有强制性。

4. 简约性

意向书的内容是粗略的，是当事各方经协商后意愿的记载，是初步达成的一致意见，并没有涉及实施过程中的具体细节和相关的违约责任。

5. 共识性

意向书是当事各方在某一具体事项上达成了共识，后续本着各自的利益和诉求，在意向书的基础上，把共识落地。

二、意向书的结构和写作要求

（一）意向书的结构

意向书一般包括标题、正文和落款三个部分。

1. 标题

意向书标题的常见写法有四种。

（1）标明文种，即“意向书”。

（2）“项目内容＋文种”，即在“意向书”前写出协作内容，如“合资经营××公司意向书”。

（3）“单位名称＋文种”，如“××厂与××有限责任公司合作意向书”。

（4）“单位名称＋项目内容＋文种”，如“××大学与××科技有限责任公司关于联合开发××产品的意向书”。

2. 正文

正文是意向书的主要组成部分，由引言、主体和结尾三个部分组成。

（1）引言：写明签订意向书的依据、缘由和目的。先写明当事各方单位的全称、各方代表人姓名、各方商议的简要情况、达成的意向性意见，然后用“在各方友好协商的基础上特达成如下合作意向”或“兹签订意向书如下”等用语引出主体。

（2）主体：主体常分条列项地写明当事各方达成的意向性意见，如中外合资经营企业，需就合资项目整体规划、合营期限、投资金额及方式、双方责任分担、经济效益预算利润分配及亏损分担等主要问题，表明达成的初步意向。

（3）结尾：内容较灵活。例如，涉及未尽事宜的解决方式，结尾可就还有哪些问题需要进一步洽谈、洽谈日程的大致安排、预计达成最终协议的时间等予以补充。“未尽事宜，签订正式合同或协议书时再予以补充”一语可以为当事各方留有余地。如果意向书涉及多种文字，在结尾处要加以说明，并写明意向书的文本数量及保存方式。

3. 落款

意向书落款应由签订单位盖章、代表人签字盖章，填写签订意向书时的完整日期。

（二）意向书的写作要求

1. 平等协商、互利互惠

当事各方不分所属国家或地区大小、单位强弱、资金多少，都应平等相待，既不能迁就对方，也不能把自己的要求无原则地强加给对方，应遵循平等协商、互利互惠的原则。

2. 表述清晰

意向书的内容要清晰，避免用套话；记录要具体，用词要准确，不能含糊不清。

3. 态度客观

意向书的内容要忠实于商议的过程，态度要诚恳，做到不卑不亢、礼貌客观。当事各方在意向书的写作中，通常用客观、中肯的语气来叙述。

4. 语气协商

因意向书是当事各方商议后达成的初步意见，是进一步接洽和合作的基础，所以行文多用商量、协商的语气，有时在行文中就某一个问题的解决还可以提出几种方案。

知识拓展

意向书在新兴领域的创新应用

（1）数字经济领域：在数字经济中，如大数据交易、人工智能技术合作等场景下，意向书用于初步确定数据使用权限、算法共享方式等。例如，两家企业在进行大数据合作时，意向书会约定数据的来源、使用范围、数据安全保护措施等，为后续签订正式的数据合作协议奠定基础。同时，由于数字资产具有特殊性，意向书可能会涉及数据所有权、使用权分离的相关约定。

（2）绿色金融与可持续发展项目：绿色金融项目意向书不仅关注资金投入与回报，还涉及环境、社会和治理目标。例如，在绿色能源项目投资意向书中，会明确投资方对项目的环保标准要求、社会责任履行期望，以及实施方在可持续发展方面的承诺与措施。这体现了意向书在推动经济与环境协调发展方面的重要作用，为后续正式合作设定了可持续发展的框架。

（3）共享经济模式：共享经济企业间或企业与用户间会签订意向书。以共享办公空间合作为例，意向书用于确定合作模式、场地使用规则、费用分担方式等。对于共享经济中常见的灵活合作关系，意向书能快速确定合作意向，同时为后续根据实际运营情况调整合作细节提供便利。

作 业

1. 为了集中各自的优质资源，扩展市场占有份额，××油漆有限公司与××造漆厂于2025年4月26日就合资事宜进行商谈后达成一致意向，双方决定开办合资公司。会后，××造漆厂的秘书小孙写了一份合作意向书。但是厂长看后却说意向书写作不规范，责令修改。以下是小孙写的合作意向书初稿，请分析存在的问题并修改。

意向书

一、甲乙双方愿以合资或合作的形式成立合资公司，定名为××有限公司。

二、投资金额总投资××万元，其中，甲方以工厂现有的厂房、设备折价投入，投资总金额为××万元；乙方以现金投入、购买设备方式入股，投资××万元。

三、利润分配

各方按投资比例进行利润的分配。

四、合资企业生产能力（略）

五、合资年限为三年，即2025年7月15日至2028年7月15日。

六、合资企业自营出口业务或指定有关进出口代理公司代理产品的出口事宜。

七、合资企业其他事宜按《中华人民共和国外商投资法》有关规定执行。

八、双方必须严格遵守意向书中的各项条款，任何一方不得擅自更改和结束合作内容，否则由此产生的一切后果将由违约方承担。

九、本意向书自双方签字之日起生效。

十、本意向书壹式贰份：甲乙双方各执壹份。

甲方	乙方
××造漆厂（盖章）	××油漆有限公司（盖章）
法人代表（签字）：	法人代表（签字）：
日期：2025年4月26日	日期：2025年4月26日

2. A乡处于A地和B地的临界处，因为具有地理位置的优势，近年来吸引了众多海内外投资商，极大地提升了本地的经济价值。同时，A乡农村经济合作社也一直致力于开拓市场，寻找商机，选择突破。经过数月的调研和考察，2025年1月10日，A乡农村经济合作社与××化工厂就经济联营一事达成合作意向。双方协议成立一个独立核算、自负盈亏、具有独立法人地位的综合服务公司，计划初期投资人民币15万元，其中A乡农村经济合作社入资30%，××化工厂入资70%，利润按投资比例进行分成。综合服务公司的主要业务是利用××化工厂生产过程中产生的废石灰渣来生产煤渣砖。××化工厂提供数辆车辆代客户运输货物，按月收取适量的租金；A乡农村经济合作社提供厂房、工作人员及负责煤渣砖的销售。

请为A乡农村经济合作社与××化工厂就此次达成的合作意向撰写一份经济联营意向书。

任务二　合同

学习情境

阅读以下货物买卖合同，了解合同的组成。

货物买卖合同

甲方（出卖人）：________________

公司名称：________________

法定代表人：________________

地址：________________

联系电话：________________

乙方（买受人）：________________

公司名称：________________

法定代表人：________________

地址：________________

联系电话：________________

鉴于甲方拥有××（货物）的合法所有权或销售权，乙方有购买该货物的需求，双方经友好协商，依据《中华人民共和国民法典》等相关法律法规，达成如下协议。

一、货物名称、规格、数量及价格

1. 货物名称：________________

2. 规格：________________

3. 数量：______件/个/吨等（明确计量单位）

4. 单价：人民币______元/件（单位）

5. 总价：人民币______元（大写：×××元整）

二、货物质量标准

货物应符合国家相关标准及行业标准，同时满足以下要求。

1. ×××（详细质量特性描述，如材质、性能指标等）。

2. 甲方应提供货物的质量检验报告或合格证明。

三、交货地点及时间

1. 交货地点：乙方指定仓库（地址：×××）。

2. 交货时间：在本合同签订后的______个工作日内完成交货。

四、运输方式及费用承担

1. 运输方式：由甲方负责安排运输（可选择陆运、铁运、海运等并注明）。

2. 运输费用：由［甲方/乙方］承担运输费用。若因运输产生的保险费、装卸费等其他费用，由［具体承担方］承担。

五、货物验收

1. 乙方应在收到货物后的______个工作日内进行验收。

2. 验收标准以本合同约定的质量标准为准。如发现货物存在质量问题或数量短缺，乙方应及时书面通知甲方，甲方应在接到通知后的______个工作日内予以处理，包括但不限于补货、换货、维修或退款等。

六、付款方式及时间

1. 乙方在合同签订后的______个工作日内，向甲方支付合同总价的______%作为定金，即人民币×××（定金金额）元。

2. 乙方在验收合格后的______个工作日内，向甲方支付合同总价的______%，即人民币×××（验收后付款金额）元。

3. 剩余合同总价的______%作为质量保证金，在质保期届满后的______个工作日内支付给甲方，质保期自乙方验收合格之日起计算，为期______个月。

七、违约责任

1. 若甲方未能按时交货，每逾期一天，应按照合同总价的______%向乙方支付违约金；逾期______天，乙方有权解除合同，并要求甲方返还已支付的款项，同时甲方应按照合同总价的______%向乙方支付违约金。

2. 若乙方未能按时支付款项，每逾期一天，应按照未支付金额的______%向甲方支付违约金；逾期______天，甲方有权解除合同，并没收乙方已支付的定金，同时乙方应按照合同总价的______%向甲方支付违约金。

3. 若货物质量不符合约定标准，甲方应负责无偿更换、维修或退货，并承担由此给乙方造成的全部损失。

八、争议解决

本合同在履行过程中如发生争议，双方应首先友好协商解决；协商不成的，任何一方均有权向合同签订地有管辖权的人民法院提起诉讼。

九、其他条款

1. 本合同自双方签字（或盖章）之日起生效。

2. 本合同壹式贰份，甲乙双方各执壹份，具有同等法律效力。

甲方（盖章）：____________________ 乙方（盖章）：____________________

法定代表人或授权代表（签字）：____ 法定代表人或授权代表（签字）：______

签订日期：____年____月____日 签订日期：____年____月____日

【情境学习任务】商务合同的拟定一定要根据国家的法律法规，内容要完整、条款要完备。在拟定合同前，合同当事人必须深入领会合同的主旨要义，坚决杜绝任何投机取巧的行为，不然后续极有可能产生纠纷。书写合同过程中，合同当事人需对每一项条款进行反复斟酌与考量，在用词方面要格外审慎，防止出现语义模糊或产生歧义的状况。而在签订合同之时，合同当事人务必严格遵循法定条款与约定条款，切不可有所偏离。

知识点

一、合同的概念和特点

（一）合同的概念

合同是由平等地位的自然人、法人及其他组织所订立，目的在于构建、更改或者终结民事权利与义务关联的一种协定。这表明合同实质上是两方或者多方所达成的一种约定，该约定能够对合同当事人间的民事法律关系予以调适。合同的构成要素包括主体、客体和内容。主体即参与合同关系的当事人，包括自然人、法人和其他组织；客体即合同权利义务所指向的对象，一般包括物、行为和智力成果等；内容即合同当事人之间的权利和义务。

目前合同的适用范围极其广泛，几乎涵盖社会经济生活和民事交往的各个领域。广义的合同包含所有以意思表示一致为要素，能够产生民事法律后果的协议。狭义的合同主要聚焦于财产关系中的交易行为所产生的债权债务，不包括如婚姻、收养、监护等有关身份关系的协议。本教材讨论的合同指的是狭义的合同。

（二）合同的特点

1. 平等性

合同是在平等主体的自然人、法人和其他组织之间订立的文书。这意味着合同当事人在合同订立和履行过程中的法律地位完全平等，没有一方可以凭借特权或优势地位将自己的意志强加给其他各方。

2. 自主性

每个主体都能自由地表达自己的意愿，自主决定是否订立合同、与谁订立合同及合同的具体内容。任何一方都不能强迫另一方接受不合理的合同条款。

3. 合法性

合同的内容必须符合法律法规的规定，不得违反法律的强制性规定和公序良俗。根据法律规定或当事人的约定，某些合同需要采用特定的形式才能生效。合同的订立必须遵循合法的程序。

4. 相对性

合同主要约束合同的合同当事人，权利和义务通常只在合同当事人之间产生法律效力。如果一方违反合同约定，其他各方只能向违约方主张权利。

5. 约束性

合同一旦订立，对当事人就具有约束力，当事人应当按照合同的约定履行自己的义务。这种约束力是基于当事人的自愿承诺，是合同法律性质的体现。如果一方当事人不履行合同义务，另一方当事人可以通过法律途径，如向法院起诉或者申请仲裁，要求对方履行合同或者承担违约责任。

二、合同的结构和写作要求

（一）合同的结构

合同一般包括标题、约首、正文和约尾四个部分。

1. 标题

标题一般写在合同文本首行居中的位置。合同标题的写法主要有三种类型。

（1）“合同性质＋文种”，如“买卖合同”“租赁合同”“承揽合同”等。

（2）“合同标的＋合同性质＋文种”，如“汽车买卖合同”“机械设备租赁合同”“软件开发承揽合同”等。

（3）“合同目的＋合同性质＋文种”，如“企业扩张融资贷款合同”“市场推广服务合同”“节能减排建设工程合同”等。

2. 约首

这部分内容要详细列明合同各方当事人的基本信息，对于自然人，需要注明姓名、性别、身份证号码、联系地址、联系电话、邮箱等；对于法人和其他组织，需要注明公司名称、法定代表人姓名、统一社会信用代码、公司注册地址、主要办公地址、联系电话、邮箱等。这些信息的完整记录有助于在合同履行过程中确定合同主体的身份，方便双方进行沟通和联系，同时在出现纠纷时也便于确定责任主体。

3. 正文

开头首先简明地写明订立合同的根据或目的，说明经双方协商一致，签订该合同。例如，“根据我国法律的有关规定，转让方与受让方根据《技术转让合同》的要求，本着互利原则，经双方协商一致，签订本合同”；或采用与此类似的写法，“为了……目的，根据……的规定，经双方充分协商，特订立本合同，以便共同遵守”。一般情况下，合同都可以采用这种开头形式。

然后另起一行分条列项撰写合同的法定条款和约定条款。

（1）标的。标的指合同当事人的权利义务所共同指向的对象。由于合同的种类不同，其标的也不同，如买卖合同的标的是工农业产品，建设工程合同的标的是工程项目，借款合同的标的是货币。标的名称要使用公认的名称，并且要具体明确。

（2）数量。数量是标的多少、轻重、大小的表示，一是要采用国家法定的度量衡单位来计算；二是要详细具体，如以包、箱、袋作单位计算数量时要说明里面装了多少千克或多少件等，对尾差、自然损耗率等的许可范围也要加以说明。

（3）质量。质量是指标的的物理、化学、生物、机械性能素质和外观状态标准。国家有规定的，要说明按国家哪一年颁布的标准执行；国家没有规定的，合同各方当事人要协商确定标准。质量代表合同标的产品或劳务的优劣程度。质量有两个方面的要求：一方面是指产品的外观形态，如造型、结构、色泽、味觉等；另一方面是指产品的内在成分、物理和机械性能、生物的特征等。合同标的质量的技术要求标准，力求详细、具体、明确。

一般情况下，有国家标准或地方标准的，按国家标准或地方标准签约；没有国家标准或地方标准的，由双方协议定一个标准。例如，有的标准一时无法确定的，可以拿样品作为标准，样品必须在订立合同时由双方封存，交货时以样品作依据交货，这些在合同中都要写清楚。

（4）价款或酬金。价款或酬金是指合同一方当事人向交付标的的另一方当事人以货币形式支付的代价。标的是货物的，代价称为价款；标的是提供劳务的，代价称为酬金。产品价款和劳务酬金要按照等价交换的原则执行，并严格遵守国家的价格政策。

（5）履行期限、地点和方式。合同履行期限是指交付标的和支付价款或酬金的时间界限，可规定为即时履行或在一定期限内履行。履行期限要明确规定年、月、日，不能用“明年”“秋季”“以后”“尽可能”等模糊词语表述。履行地点是指交货、服务、付款等的地点。履行地点要具体明确，如货物运到北京，要明确北京的具体地点；若遇地点重名，要在地点前冠以省、市、县名称，以免引起合同纠纷。履行方式是指合同当事人以什么方式履行合同义务，要根据标的的不同情况加以规定，如货物验收采用什么方法，隐蔽性问题是否允许使用后提出；货物是自行提取，还是代办托运；货物采用什么运输工具运输；何方支付运输费用；价款或酬金是现金支付，还是用支票支付；是一次付款，还是分期付款；等等。

（6）违约责任和解决争议的办法。违约责任是指经济合同依法成立后，合同当事人一方或多方的过错而导致合同不能履行或不能适当履行，有过错的一方应当承担的责任。对违约责任的追究，可以用支付违约金、支付赔偿金、继续履行合同等方式解决。

4. 约尾

约尾一般包括签订合同各方的公章、法定地址、法定代表人的签名、联系电话、开户银行及账号、邮政编码、签订合同地点和日期等内容。

（二）合同的写作要求

1. 内容合法、遵循公序良俗

合同的内容必须严格遵守国家的法律法规，不得违反。例如，在涉及买卖、租赁、借款等各种合同关系中，合同条款不能与《中华人民共和国民法典》等相关法律相抵触。合同的内容应符合公序良俗，不能包含违法犯罪、违背道德伦理的内容。例如，在合同中约定通过不正当手段获取商业利益或者损害社会公共利益等内容都是无效的。

2. 内容完整、考虑多种情况

合同基本的必备条款，如标的、责任、权利与义务等必须具体完备，以确保合同能够有效成立和顺利履行，避免纠纷。合同当事人要全面考虑合同履行过程中可能出现的各种情况，并在合同中作相应规定。例如，在货物运输合同中，不仅要规定正常运输情况下的责任和义务，还要考虑货物在运输途中发生损坏、丢失、延误交付等情况的处理方式。

3. 用词准确、清晰条理脉络

合同的每一条条款都要具体，使用准确、规范的词汇，避免使用模糊、有歧义或易产生误解的词汇。例如，在描述数量时，应使用确切的数字和明确的计量单位，不能使用“大概”“若干”等不确定的词汇；在规定质量标准时，应使用专业术语或明确的质量指标，避免使用“较好”“较高”等相对模糊的表述。条款的内容应清晰明了、逻辑连贯。条款之间不能相互矛盾，避免出现前后不一致的情况。

知识拓展

合同与意向书的区别

一、法律效力

合同具有明确的法律约束力，而意向书通常不具有法律约束力，只是表达双方的合作意向和初步共识，即使一方违反了意向书中的条款，其他各方一般也难以通过法律手段获得补偿。

二、内容详细程度

相比之下，合同的内容具体、详细；意向书的内容较为概括，主要是对合作的大致方向和关键要点进行初步约定。

三、目的不同

合同的目的是确立双方正式的法律关系，而意向书主要是为了表达合作意愿，为进一步谈判和签订合同做准备。

四、签署程序

意向书通常在商业谈判初期就可以达成，不需要复杂的法律程序；而合同的签署通常需要经过合同当事人的具体谈判和律师的审核。

五、灵活性

一旦签署合同，若需修改则需要合同当事人一致同意，程序较为烦琐；意向书具有较高的灵活性，双方可以在谈判过程中随时修改和调整意向书中的条款，以适应谈判的发展。

作　业

1. 试指出下面这份合同存在的问题，并提出应如何修改才能符合合同的写作要求。

微课视频

经济合同作业

经济合同

立合同人：××网络科技公司（甲方）

××餐饮公司生产科（乙方）为××网络科技公司（甲方）提供餐饮服务，经双方协商一致，订立本合同。

（1）甲方委托乙方负责甲方员工的工作日午餐、晚餐服务。

（2）全部费用（包括原材料、人工）23 040元。

（3）甲方在订立合同后先交一部分餐饮服务费，其余在乙方为甲方提供服务后后半年结算。

(4) 服务期待乙方筹备就绪后立即开始，服务起始时间为9月开始。

(5) 食材由乙方全面负责筹备。

(6) 本合同一式二份，双方各执一份。

立合同人：××网络科技公司（公章）　　××餐饮公司生产科

主任×××（私章）　　科长×××（私章）

二〇二五年五月十日

2. 下面这份合同存在多处错误，请指出并说明原因或理由，并加以改正。

合同

××商贸公司（甲方）

××服装厂（乙方）

甲方向乙方购买外套500件，要求前卫、创新。乙方于10月向甲方交货，经验收合格后，甲方即向乙方用转账支票支付所有款项。未尽事宜，由双方协商解决。

本合同一式二份，甲乙双方各执一份。

××商贸公司（盖章）　　××服装厂（盖章）

法人代表人：××××　　法人代表人：××

代表人：××××××　　代表人：××××××

地址：××××××　　地址：××××××

开户行：××××××　　开户行：××××××

账号：××××××　　账号：××××××

电话：××××××　　电话：××××××

2025年3月19日

任务三　协议书

学习情境

阅读以下招生宣传协议书，了解协议书的内容。

招生宣传协议书

甲方：____________________公司

乙方：________身份证号：________________

第一条　甲乙双方经平等协商一致，自愿签订本协议，共同遵守本协议所列条款。

第二条　乙方承担的劳务内容，要求：作为____________网点负责人，招聘兼职人员并带队宣传×××公司的优惠政策，对特定人员进行有针对性的宣传，扩大×××公司的知名度。

第三条　乙方提供劳务的方式：发传单进行宣传，对大一学生进行下班宣传，对大

二、大三、大四学生以进宿舍楼发传单的形式进行宣传，张贴广告和拉横幅。

第四条 乙方负有保守甲方商业秘密的义务。

第五条 甲方支付乙方劳务报酬的标准、方式、时间：从____年____月____日起开始，每个月 21 日结算发放劳务报酬。劳务报酬的标准：底薪 2 500 元/月，提成 100 元/人，兼职人员 10 元/小时。劳务报酬的支付方式：现金或银行转账。

第六条 发生下列情形之一，本协议终止：

一、双方就解除本协议协商一致的；

二、乙方由于健康原因不能履行本协议义务的。

第七条 甲、乙双方若单方面解除本协议，需提前一周通知另一方。

第八条 本协议终止、解除后，乙方应在一周内将有关工作向甲方移交完毕，并附书面说明。

第九条 依据本协议第七条、第八条、第九条约定终止或解除本协议，双方互不支付违约金。

第十条 因本协议引起的或与本协议有关的任何争议，均提请××仲裁委员会，按照仲裁规则进行仲裁。仲裁裁决是终局的，对双方均有约束力。

第十一条 本合同壹式贰份，甲乙双方各执壹份。

甲方（签章）：____________ 乙方（签章）：____________

____年____月____日 ____年____月____日

【情境学习任务】这是一份典型的协议书。标题由“内容性质＋文种”构成。协议书的详细内容由约首和正文构成。正文开头写明了协议双方当事人的详细信息；主体具体写协议双方商定的内容，共十二条。本协议格式规范、内容完整、条理清晰，使人一目了然。

微课视频

协议书与合同的区别

知识点

一、协议书的概念和特点

（一）协议书的概念

狭义的协议书是指双方或多方当事人之间，在平等、自愿的基础上，就某一特定的民事权利义务关系达成的书面协议。广义的协议书是一个更宽泛的概念，包括各种具有法律约束力的书面约定。这不仅涵盖狭义的协议书所涉及的具体民事权利义务关系，还包括企业之间的合作协议、国家之间的条约、组织内部的各种协定等诸多形式。本教材讨论的是狭义的协议书。

协议书是指当事人对某一重要问题或事项经过协商取得一致意见后订立的一种具有经济或其他关系的契约性文书。从本质上讲，协议书是当事人意思表示一致的体现。例如，在货物买卖合同协议书里，卖方想出售货物获得价款，买方想支付价款得到货物，双方就价格、货物规格、交货方式等达成共识，通过协议书将这些意愿固定下来。在法律层面，只要协议书符合法律规定的有效条件，如主体具有相应的民事行为能力、内容合法、是当事人真实意思的表示等，就能产生法律约束力，约束当事人按照协议内容履行各自的义务，保障当事人的合法权益。当一方不履行协议时，另一方可以依据协议书向法院提起诉讼，要求对方承担违约责任。协议书的适用范围非常广泛，涵盖社会生活和经济活动的诸多领域，如商业领域、劳动人事领域、知识产权领域、租赁领域等。

（二）协议书的特点

1. 范围广

协议书的适用范围相对较广。协议书可以用于各种事务，如合作意向的初步确定、简单的事务约定等，内容可能比较笼统。

2. 内容简洁灵活

协议书内容相对简洁、灵活，侧重表达各方达成的基本共识和主要意向，可以在后续过程中进一步明确细节。它可能只是对合作的主要框架、目标和大致分工等进行规定。

3. 需补充说明

协议书虽然也具有一定的法律约束力，但如果内容过于笼统，在实际履行过程中可能需要更多的解释和补充才能确定各方的具体责任。特别是一些意向性的协议书，其主要作用可能是为进一步的合作提供基础，法律约束力相对较弱。

4. 格式灵活

协议书的格式相对比较灵活，可以根据具体情况和当事人的意愿进行书写，重点是表达各方的共识。

二、协议书的结构和写作要求

（一）协议书的结构

协议书包括标题、约首、正文三个部分。

1. 标题

标题一般写在协议书文本首行居中的位置。协议书标题的写法主要有三种。

（1）只标明文种，如“协议书”。

（2）“内容性质＋文种”，如“劳务协议书”“赔偿协议书”“合资经营协议书”。

（3）“签订协议的当事人＋事由＋文种”，如“A 企业与 B 企业关于转让某技术专利的协议书”“A 企业与 B 市场关于品牌联营推广活动协议书”。

2. 约首

（1）协议当事人信息：详细列出参与协议的各方主体的信息。如果是公司，要写清楚公司的全称、统一社会信用代码、法定代表人姓名等；如果是个人，要写清姓名、身份证号、住址、联系电话等。

（2）引言或鉴于条款：简要说明签订协议的背景和目的，通常以“鉴于……”开头。

这部分内容能够帮助理解当事人为何要签订此协议，如“鉴于甲方拥有××资源或技术，乙方具有××市场优势或渠道，双方为了实现优势互补，共同开展×××（具体项目或业务），经友好协商，达成如下协议”。

3. 正文

（1）具体权利和义务条款。本部分是协议的核心部分，详细规定了当事人在协议事项中的权利和义务。以合作协议为例，要明确当事人在合作项目中的分工、资金投入、资源分配、收益分成等内容；在租赁合同中，要明确出租方的提供适租房屋的义务、收取租金的权利，承租方的合理使用房屋的权利、按时支付租金的义务等。

（2）协议标的条款。协议中应清晰地说明所涉及的对象，如在商品买卖合同中，要详细描述商品的名称、规格、型号、数量、质量标准等；在服务协议中，要明确服务的内容、范围、质量要求等。

（3）履行方式和期限条款。规定各方履行协议义务的方式和时间要求。例如，在建设工程合同中，要明确工程进度安排、各阶段的交付日期；在付款协议中，要明确付款的方式（如现金、转账、支票等）和具体的付款时间节点。

（4）违约责任条款。协议中应明确各方违反约定时应承担的责任，包括违约金的数额或计算方法、赔偿损失的范围等。例如，在货物买卖合同中规定，如果卖方不能按时交货，每逾期一天，应按照合同金额的×%向买方支付违约金；如果买方不能按时付款，同样要承担相应的违约责任。

（5）争议解决条款。协议约定在履行过程中发生争议时的解决方式，通常有协商解决、仲裁或者诉讼三种方式。如果选择仲裁，要明确仲裁机构的名称、仲裁地点、仲裁规则等；如果选择诉讼，要确定管辖法院。例如，“如双方在本协议履行过程中发生争议，应首先通过友好协商解决；协商不成的，任何一方均有权向有管辖权的人民法院提起诉讼”。

（二）协议书的写作要求

1. 目的明确，条款完备，真实准确

协议书应清晰地表达协议当事人共同的意图，如合作经营、财产转让等，避免目的含糊不清；还应详细列出各方的权利和义务。例如，在技术转让协议中，转让方的权利可能包括收取转让费，义务是提供完整技术资料；受让方的权利是获得技术，义务是按时付款等。同时，协议书还要包括履行协议的时间、地点、方式等内容。协议书所涉及的信息和条款内容必须真实，如物品的价格、质量标准等，不能作虚假表述。

2. 语言严谨，简洁明了，逻辑清晰

协议书需用词精确、避免歧义，如对交付货物的时间描述不能用“大概”“左右”之类模糊的词；应用简洁的语句表达意思，避免复杂冗长的表述，方便协议当事人理解。协议条款之间应具有严密的逻辑关系，层次分明、条理清晰；应按照协议的主题和事项发展的逻辑顺序，合理组织条款内容，使各项条款相互衔接、相互支撑，共同构成一个完整、有序、合理的协议体系。

知识拓展

协议书与意向书的区别

一、法律效力

协议书是双方在商务活动中达成具体协议或约定所用的正式文件，具有法律约束力；意向书通常不具有法律约束力，只是作为进一步谈判和签订协议或合同的基础。

二、内容要求

协议书的内容相对详细和具体，要明确约定各方的权利和义务，规定合作事项的具体细节；意向书主要表达双方的初步意向，内容较为灵活和简略。

三、格式规范

协议书的格式更为正式；意向书通常是一份较为简短的文档。

四、签订时间

协议书通常是在双方就具体的权利义务关系达成一致协议后签订；意向书一般在双方就某一事项达成初步共识后即可签订。

作 业

根据下面提供的材料，写一份协议书。

××技术合作公司（简称甲方）的法人代表张××与××有限公司（简称乙方）的法人代表许××于2025年4月20日就合作投资创办人工智能公司事宜，签订了一份协议。

双方在协议中提到：合营企业定名为××数字公司。合营企业为有限公司。双方投资比例为3∶7，即甲方占30%、乙方占70%。公司及董事会由5人组成，甲方3人，乙方2人。董事长1人，由甲方人员担任；副董事长1人，由乙方人员担任。正、副总经理由甲、乙双方人员分别担任。合营企业所得毛利润，按国家税法照章纳税，并扣除各项基金和福利等，净利润根据双方投资比例进行分配。乙方所得纯利润可以人民币计收。合作期内，乙方所得纯利润达到乙方投资额（包括本息）后，企业资产即归甲方所有。双方共同遵守中华人民共和国法律法规。双方商定，在适当的时候，就有关事项进一步洽商，提出具体实施方案。

任务四 招标书

学习情境

阅读下面这份设备采购及安装招标书，了解招标书的结构。

××科技有限公司××项目设备采购及安装招标书

一、项目背景

本公司正处于快速发展阶段，业务规模持续扩张，对产品的生产效率与质量把控提出了更高要求。现有的生产设备服役年限已久、老化磨损严重，不仅频繁出现故障停机，影响正常生产进度，导致交货周期延长，而且在生产精度、能耗等方面已无法满足当下市场竞争需求。加之行业技术革新加速，新型设备不断涌现，具备更智能的自动化控制系统、更高的生产效能及更节能环保的特性。为顺应公司发展战略，提升核心竞争力，公司决定启动此次关键生产设备的采购及安装项目，旨在引入先进设备、优化生产流程，确保高效、稳定的生产运营，现面向社会公开招标，诚邀具备专业资质与丰富经验的供应商参与投标。

二、招标内容

1. 招标项目：××项目设备采购及安装。

2. 招标范围：本次招标包括但不限于以下设备。

（1）设备名称：××设备

（2）规格型号：××型号

（3）数量：××台（套）

3. 供货及安装地点：××科技有限公司指定地点。

4. 交货时间：合同签订后××天内完成设备供货及安装调试。

三、投标人资格要求

1. 具有独立法人资格，营业执照经营范围包含本次招标所需设备的生产或销售及安装调试相关内容。

2. 具备相应的设备生产能力或供货渠道，提供近××年内类似项目业绩证明材料（合同复印件等）。

3. 拥有专业的技术服务团队，能够在接到故障报修通知后××小时内（具体响应时间）到达现场提供技术支持，并保障设备在质保期内正常运行。

四、投标文件要求

1. 投标书应包括以下内容：

（1）投标函。

（2）法定代表人身份证明或授权委托书。

（3）企业营业执照副本。

（4）相关产品的生产许可证、质量管理体系认证证书。

（5）同类产品的成功案例。

（6）售后服务承诺书。

（7）其他证明材料。

2. 投标文件应按照招标文件的要求装订成册，壹式伍份，每份均需加盖公章。

五、投标截止时间及开标时间

1. 投标截止时间：××××年××月××日××时××分。

2. 开标时间：××××年××月××日××时××分。

六、投标地点及开标地点

1. 投标地点：××科技有限公司招标办公室。

2. 开标地点：××科技有限公司会议室××。

七、评标办法

1. 采用综合评估方法进行评标，主要考察价格、技术规格、设备性能、售后服务、供应商信誉等。

2. 评标委员会根据招标文件的要求，对投标文件进行评审，得分最高者为中标候选人。

八、中标通知及合同签订

1. 招标单位在评标结束后，将向中标人发出中标通知书。

2. 中标人应在接到中标通知书后×日内与招标单位签订合同。

九、其他事项

1. 本招标文件的解释权归招标单位所有。

2. 本招标文件未尽事宜，由招标单位另行通知。

3. 投标人应严格按照招标文件的要求进行投标，如有违规行为，将取消其投标资格。

4. 招标单位有权对投标文件进行审查，如有弄虚作假、恶意报价等违规行为，将取消其投标资格。

特此公告。

招标单位：××科技有限公司
联系人：××
联系电话：139××××××××
邮箱：××××××
地址：××省××市××区××路××号
××××年××月××日

【情境学习任务】这是某单位设备采购和安装的招标书。标题采用三要素式——“招标单位名称＋招标项目名称＋文种”。正文由项目背景、招标内容等组成。落款写明招标单位等内容。本篇招标书的格式规范、内容详细，语言简洁而准确。

知识点

一、招标书的概念和特点

（一）招标书的概念

招标是招标者为承包建设项目、购买大宗商品或合作经营某项业务等，事先对外公布标准和条件，提出价格等待投标人前来投标承建、承包或承办，从中择优选取投标人的行为。招标书是指在招标过程中使用的书面材料。[①]

（二）招标书的特点

1. 公开性

招标书通常会向社会公开招标项目的相关信息。例如，政府进行大型基础设施建设项目招标时，会通过政府官方网站、公共资源交易平台等渠道发布招标书，任何符合条件的企业都可以获取招标信息，了解项目的详细情况，包括项目规模、工程内容、技术要求、投标资格等。这种公开性确保了市场上的供应商、承包商等都有平等的机会参与投标，增加了竞争的充分性，有利于招标人获得更优质的产品、服务或工程成果。

2. 明确性

招标书对于招标项目的内容、要求、条件等必须有明确的表述。在招标项目内容方面，会详细说明项目的具体范围。例如，一个建筑工程招标书，会明确是新建建筑工程、还是建筑修缮工程，包括建筑的面积、层数、结构类型等内容。投标资格要求也会明确，如企业资质等级、财务状况指标、相关业绩经验等，让潜在投标人能够清楚地判断自己是否符合条件参与投标。

3. 规范性

招标书的编制和发布需要遵循一定的规范和程序。从法律要求上，招标活动必须遵守国家相关法律法规。这些法律规定了招标书的合法性原则，包括不得有歧视性条款、必须保证公平竞争等内容，以保证招标书的编制和招标活动的开展在法律框架内进行。

4. 竞争性

招标书通过明确项目要求和投标条件，鼓励潜在投标人展示自己的优势。例如，在价格方面，投标人会根据自己的成本控制和市场策略，提供最有竞争力的报价；在技术方案上，会尽力展示自己技术的先进性、创新性和适用性。这种竞争机制有助于招标人降低成本、提高质量、获取更先进的技术和更好的服务。又如，在软件系统开发招标中，不同的软件企业会在投标文件中展示自己的开发团队实力、技术架构、项目管理经验等优势，以及具有竞争力的价格，招标人可以从中选择性价比最高的方案。

5. 时效性

招标书有严格的时间限制。它会规定投标文件的递交截止时间，以及开标、评标和定标的时间。这是为了确保招标活动能够按照计划有序进行。例如，招标书规定投标文件必须在发布后的 30 天内递交，开标时间为投标截止后的第 3 天，这样的时间安排既约束了投标人的行为，也保证了招标过程的紧凑性和效率。一旦错过投标截止时间，投标文件将不被受理。这体现了招标活动的严肃性和时效性。

---

① 方有林. 商务应用文写作［M］. 上海：同济大学出版社，2007：58.

二、招标书的结构和写作要求

（一）招标书的结构

招标书包括标题、正文和落款三个部分。

1. 标题

标题一般写在招标书文本首行居中的位置。招标书标题的写法主要有四种。

（1）由招标单位名称、招标项目名称和文种构成，如“××公司A地块项目招标书”。这种写法直截了当地点明了招标主体和招标项目，清晰明确，是常见的标题形式，适用于各类正式的招标项目，尤其是规模较大、内容复杂、涉及范围广的招标活动，能使招标信息在众多文件中脱颖而出，便于潜在投标人快速识别和关注。

（2）由招标单位名称或招标项目名称和文种构成，如“××公司招标书”。当招标单位在特定行业或领域具有较高知名度，或者招标项目具有独特性、广为人知时，使用省略式标题可以使标题更加简洁醒目、突出重点信息，在一些宣传推广渠道中能够更好地吸引注意。

（3）以富有吸引力和感染力的语言来拟定标题，如“开启未来之门：××文旅项目招标盛大启动”“抓住机遇！××公司诚邀您参与招标”。这种标题运用了一定的修辞手法和富有感情的词汇，旨在激发潜在投标人的兴趣和参与热情，营造一种热烈、积极的招标氛围，能够在众多招标信息中迅速抓住投标人的眼球，促使他们进一步了解招标详情，它适用于那些竞争较为激烈、需要吸引大量潜在投标人参与的招标项目，或者是新兴行业、创新型项目的招标活动。

（4）以一个问题作为招标书的标题，如“谁能拿下××文旅项目?”“如何参与××公司的招标盛宴?”。问题式标题能够引发潜在投标人的好奇心，促使他们主动寻找答案，从而引导他们阅读招标书的具体内容。这种标题形式较为新颖独特，能够在一定程度上增加招标书的吸引力和关注度，通过提问的方式激发投标人的思考和竞争意识，尤其适用于一些具有挑战性、需要特定技术或解决方案的招标项目。

2. 正文

正文应详细写明招标项目、条件、要求及有关事项，不同类型的招标，正文的结构也不同。以工程建设招标为例，正文主要包括以下内容：

（1）引言。引言简要介绍招标单位的基本情况，如单位性质、业务范围、发展历程等，阐述招标的目的与依据，说明是基于项目发展需求、法规要求还是企业战略规划等因素启动此次招标，让投标人对招标背景有初步认知，建立信任基础，吸引其继续研读。

（2）项目概述。项目概述描述招标项目的名称、地点、规模、内容等核心要素。对于工程项目来说，项目概述要涵盖建筑面积、结构类型、施工要求等内容。

（3）招标人资格。招标书要明确参与投标的企业或个人需具备的条件，包括：资质等级；财务状况，如资产负债率；业绩经验，如过往类似成功项目案例数量与规模；人员配备，如专业技术人员数量；等等。

（4）投标文件的编制要求。招标书中告知投标人如何准备投标文件，涵盖文件内容构成、格式规范、密封与标记规则等。规范统一的编制要求，利于评标过程公正、顺畅开展。

（5）投标时间及相关日程安排。招标书要清晰列出投标截止时间、开标时间、开标地点等关键日程。

（6）评标标准与方法。招标书要说明评标依据，是侧重价格、技术方案、企业信誉还是综合考量；详细解释各评标因素权重。评标规则透明可彰显招标的公平公正性。

（7）合同主要条款。招标书要提前披露中标后签订合同的核心要点，为日后合作奠定契约基础，减少合同谈判争议，包括：付款方式，分阶段付款比例与节点；履约期限，从签约到项目竣工或服务完成时长；违约责任，双方违约情形界定与赔偿措施。

3. 落款

落款写明招标单位的全称、详细地址、邮编、联系人姓名和电话号码、邮箱、发布日期等。

（二）招标书的写作要求

微课视频

招标书的写作要求

1. 招标项目概述详尽

招标书要对招标项目的名称、地点、规模、技术要求、质量标准等信息进行完整且精确的阐述，使潜在投标人能够清晰地了解项目全貌，判断自身是否具备承接能力。例如，在一个建筑工程招标书中，要明确说明建筑物的功能用途（如商业综合体、住宅小区等）、建筑面积、层数、结构类型（如框架结构、剪力墙结构）以及建筑材料的规格、质量等级要求，如钢材的型号、水泥的标号等。

2. 投标人资格界定清晰

招标书要明确规定投标人应具备的资质等级、业绩经验、财务状况、人员配备等条件，避免资格要求模糊不清导致不符合要求的投标人参与投标，或使真正有能力的投标人因误解而错过机会。

3. 投标文件具体

招标书要详细说明投标文件的组成部分、格式规范等，以及提交的份数和截止时间等，以确保投标人能够按照统一标准编制和提交投标文件，便于评标工作的顺利进行。例如，规定投标文件采用A4纸打印；商务标字体为宋体小四号，行距1.5倍；报价单需单独成册并密封；所有投标文件壹式伍份，正本壹份，副本肆份，在投标截止时间前送达指定开标地点，逾期送达的投标文件将被拒收，并在密封袋上注明项目名称、投标人名称、投标文件类型及“开标前不得启封”字样等。

4. 语言规范严谨

招标书中应运用行业内通用的专业术语和规范词汇，避免使用口语化、模糊或有歧义的词汇，确保表达的准确性和专业性。

5. 语法逻辑严密

招标书要语句通顺、结构完整、层次分明，避免出现语病、错别字和逻辑混乱的情况。招标书作为一种具有法律效力的文件，语言的严谨性至关重要，否则可能会引起误解或纠纷。

6. 传达简洁明了

招标书要避免使用冗长复杂的句子和段落，应用简洁、精练的语言传达关键信息，使投标人能够快速、准确地理解招标书的核心内容。例如，在阐述投标人资格要求时，直接列出各项条件以免影响阅读关键内容。

作业

根据下面提供的材料，写一份招标书。

假设你所在的城市正在筹备举办一场大型国际科技展会，需要建设一座临时展览馆，现要求撰写一份展览馆建设工程招标书。

要求：

1. 按照正规招标书的格式进行撰写。

2. 内容要翔实、合理，充分考虑临时展览馆的建设特点，如工期紧、结构安全要求高、外观需具备一定展示性等。

3. 语言表达规范、严谨，使用专业术语，避免出现语病和错别字。

任务五　投标书

学习情境

阅读一份简单的投标书，了解一下投标书的内容。

××新能源汽车培训楼工程施工投标书（简略版）

根据××新能源汽车公司兴建培训楼工程施工招标书和设计图的要求，我公司完全具备承包施工条件，决定对此项工程投标，具体说明如下。

一、综合说明

工程名称：培训楼一幢

建筑面积：10 700 平方米，主楼六层，局部二层。

框架结构：楼全长 80 米、宽 40 米；主楼高 28 米，局部二层高 9 米。

二、标价

（略）

三、主要材料耗用指标

（略）

四、标价

总标价：×××万元，每平方米造价×××元

五、工期

开工日期：××××年××月××日

竣工日期：××××年××月××日

施工天数：×××天

六、工程计划进度

（略）

七、质量保证

全面加强质量管理，严格操作规程；加强各分项工程的检查验收，上道工序不验收，下道工序绝不实施；加强现场领导，认真保管各种设计、施工、试验资料，确保工程质量达到全优。

八、主要施工方法和安全措施

安装塔吊 1 台，机吊 2 台，解决垂直和水平运输问题；采取平面流水和立体交叉施工；关键工序采取连班作业；坚持文明施工，保障施工安全。

九、对招标单位的要求

（略）

十、坚持勤俭节约的原则

尽可能杜绝浪费现象。

十一、银行担保书和履约保证金

（略）

十二、其他

我公司相信贵公司招标程序公正、合理，无论中标与否，我公司均接受结果。

投标单位：××××××××　　　负责人：×××

电话：××××××××　　　传真：××××××××

邮箱：××××××

【情境学习任务】这是一份典型的投标书。主体部分采用分条列项的方式，写明标价等内容，条理清晰，有关的数据翔实准确、有关措施切实可行，使人一目了然。

知识点

一、投标书的概念和特点

（一）投标书的概念

投标书是指投标单位按照招标书的条件和要求，向招标单位提交的相关文书，是投标人向招标人提交报价信息、技术资料和其他相关信息，以证明其投标资质的书面材料。投标书是一种具有法律效力的商业文件，在招投标过程中，是确定双方权利和义务的重要依据。一旦中标，投标书的内容将成为合同的重要组成部分。

（二）投标书的特点

1. 针对性

投标书的编制需紧密围绕招标书展开。一方面，投标书要对招标书中罗列的各类要求条分缕析，以严谨、细致的态度逐一给出清晰、明确的回应，不容许有丝毫含糊或遗漏之处，以确保投标人与招标人的诉求精准对接；另一方面，投标人还得立足自身实际，全面考量自身的承受能力，深度挖掘所具备的优势资源，精心构思具有高度针对性的解决方案，力求在满足招标要求的同时，最大程度地展现自身的独特价值，进而提升中标概率。

2. 真实性

投标书所涵盖的内容务必做到真实无欺、精确无误且完备无缺，任何形式的虚假信息都绝不容许出现。这是因为，倘若投标人有幸中标，那么其后续的一系列行动都必须严格依据投标书里所作出的承诺来执行，切实履行应尽义务。要是投标书里掺杂了虚假成分，投标人极有可能在项目推进过程中陷入无法兑现承诺的困境。这必然会给招标人造成直接的经济损失、延误项目进度等诸多负面影响。对于这种提供虚假信息的行为，法律有着明确的惩处规定，投标人必须为自己的不当行为承担相应的法律后果，付出沉重的代价。

3. 竞争性

在当今充满竞争的经济环境下，投标无疑是一场激烈的角逐。作为"敲门砖"的投标书，必须全方位彰显投标人独有的优势与鲜明特色，精准对标招标人的核心诉求，巧妙地与同行竞争者拉开差距，进而在众多投标人中脱颖而出，斩获宝贵的中标机会。

4. 规范性

投标书的格式编排务必符合通行规范，做到整齐划一、条理清晰，让招标人第一眼便能对文件有直观且良好的观感；内容结构的搭建则应当逻辑严谨、层次分明，各板块之间过渡自然、衔接紧密，完整且精准地传递关键信息；语言表达更要字斟句酌，用词精准恰当、语句通顺流畅，避免一切可能引发歧义或晦涩难懂的表述，以方便招标人快速阅读、透彻理解，进而能够在多份投标文件之间进行公平且高效的比对。同时，投标书还要符合相关法律法规和招标书的要求。

二、投标书的结构和写作要求

（一）投标书的结构

投标书包括标题、正文、附件三个部分。

1. 标题

招标书的标题一般有三种写法。

（1）"招标单位名称＋招标项目名称＋文种"。这种形式最为常见，一目了然，如"××公司办公大楼建设工程招标书"。

（2）"招标项目名称＋文种"，重点突出招标项目，适用于招标单位在业内知名度较高，或者项目本身极具辨识度的情况，如"校园智能化改造工程招标书"，人们一看便知是某个学校针对校园智能化改造发起的招标，即便未提及具体学校，业内关注此类项目的单位也能快速锁定目标。

（3）"招标单位名称＋文种"，强调招标主体，一般用于招标单位集中进行多项不同类型招标，以自身名号统一招揽投标人。例如，"××市政府采购招标书"，意味着该市政府部门有采购需求，吸引供应商关注该市的采购招标信息。

（4）广告式标题。广告式标题有一定增强吸引力，带有一定宣传性、鼓动性的表述，在点明招标核心要素的同时激发潜在投标人的投标兴趣，如“开启高质量物流新时代——××智慧物流园区建设招标盛大启动”，既用“开启高质量物流新时代”营造宏大愿景，又突出“××智慧物流园区建设”这一关键项目，吸引有实力的建筑、物流相关企业踊跃投标。

（5）问题式标题。问题式标题以提问形式引发关注，引导潜在投标人思考自身与招标项目的契合度。例如，“谁能为城市打造绿色新地标？——××湿地公园景观提升招标”，向潜在投标人抛出问题，促使那些具备景观设计与施工专长的公司主动对标，探究能否参与该公园景观提升项目，争取成为打造城市绿色新地标背后的力量。

2. 正文

正文包括前言和主体两个部分。

（1）前言。前言主要写明投标的目的、依据，点明投标的项目和内容。

（2）主体。

投标书内容各有不同，可参照以下几点进行书写。

1）投标的各类具体指标。这是投标书的核心内容，是招标单位锁定中标对象的重要依据。这部分内容一般较多，所以通常以表格形式出现。因此，一般把上述表格部分放在投标书的后面作为附件，正文中只说明投标总报价等总括性指标。

2）若为大宗货物贸易投标，应写明投标人对应履行责任义务做出的承诺等；若为建筑工程项目投标，应写明项目开工、竣工日期等。

3）说明此投标书的有效期限。例如，“本项目投标书的有效期限为自开标之日起120天”，这意味着投标人在此期间受投标书约束，不得随意撤回或更改投标内容。若超过该期限，投标即失效，招标人有权不予考虑。

4）说明投标人将按招标文件要求上交银行担保书和缴纳履约保证金。

5）说明对招标单位不一定接受最低价和可能接受任何投标书表示理解。

3. 附件

附件主要包括：营业执照副本复印件、资质等级证书复印件、经审计的财务报表、银行资信证明、投标报价表、业绩证明材料、技术文件及产品资料、人员资质及相关文件等。

（二）投标书的写作要求

1. 内容完整

投标书的基本信息要准确无误，以便招标人在需要时能顺利联系到投标人。例如，若联系方式有误，可能导致投标人错过重要的信息，如答疑或补充通知等。投标项目的名称，要与招标书上的项目名称完全一致，避免产生歧义。详细列出投标的价格构成。对于货物类投标，应包括产品单价、数量、总价、运输费用、安装调试费用等；对于服务类投标，要明确服务周期内各阶段的收费标准和总价；对于工程类投标，除了工程总价，还需有分项工程的报价清单。报价是投标书的关键部分，直接关系投标的竞争力和后续的合作收益。如果是货物类投标，要注明交货日期和地点；服务类投标要阐述服务的开始时间和服务周期；工程类投标要提供详细的工程进度计划表，包括各关键节点的时间安排，如开工日期、基础工程完成日期、主体工程竣工日期等。这体现了投标人对项目时间的把控能力，有助于招标人评估项目能否按时完成。

2. 响应准确

投标人应仔细研读招标文件中的技术规格、质量标准、资质条件等要求，在投标书中一一做出回应。例如，若招标书中要求产品的某项技术参数达到一定标准，投标书中应明确表明投标人所提供的产品符合该标准，并提供相应的证明材料，如检测报告等。投标人还应重点关注招标书中的实质性条款，如保证金的缴纳、合同条款的接受等。未对实质性条款做出响应的投标书可能会被视为无效投标。例如，招标书规定投标保证金需在某个特定日期前以特定方式缴纳，投标书中就要附上保证金缴纳的凭证，以证明投标人已满足此要求。

3. 方案可行

投标书中要针对项目的技术要求，详细阐述技术方案。对于货物，投标书中要说明产品的技术参数、性能特点、质量保证措施等；对于服务，投标书中要介绍服务流程、技术手段、人员配备等；对于工程，投标书中要包括施工技术、工艺流程、质量控制措施等内容。技术方案要先进合理、有可操作性，能够有效满足项目需求。投标书中要提供项目管理方案，包括组织架构、人员分工、管理流程等。投标人要考虑项目可能遇到的风险和问题，制定相应的应急处理方案，如货物运输过程中的损坏处理、服务过程中的客户投诉解决、工程施工中的安全事故应对等措施。这体现了投标人应对突发情况的能力。

4. 格式规范

投标书正文应按照逻辑顺序编写，条理清楚；附件包括营业执照副本复印件等相关文件，并且要在正文中注明附件的编号和名称，便于招标人索引。投标人要选择合适的字体和字号，保证文字清晰易读。投标书排版要整齐，段落间距要合理，标题和正文要有明显的区分，如标题可加粗或使用较大字号。对投标书的章节、条款等进行合理编号，便于引用和查阅。投标人在引用其他文件或条款时，要注明出处，如在阐述技术标准时引用国家标准的编号和名称。

5. 语言准确

投标书应使用准确、规范的行业术语，避免使用模糊、有歧义或口语化的词汇，应用简洁明了的语言表达投标意图和方案，使招标人能够快速理解投标书的核心内容。例如，在描述产品性能时，要用精确的技术词汇来表达参数和功能，不能使用大概、差不多之类的模糊表述。

知识拓展

招标书和投标书的不同

在企业开展大型经营活动时，招标书和投标书已成为推动企业经营发展的重要工具。两者之间相互依存、内容关联，终极目标都是为了促成项目的合作。但它们之间也存在区别。

1. 文件性质不同

招标书是要约邀请文件，其作用是向外界公开招标项目的详细信息，吸引具备相应条件的单位或个人参与投标竞争。投标书是投标人依据招标书要求编制的响应文件，属于要约。

2. 撰写目的不同

招标书旨在广泛告知潜在投标人招标项目的情况，吸引众多符合要求的单位参与竞争，进而挑选出最契合项目需求的合作伙伴。投标书的核心目的是在众多竞争者中脱颖而出，赢得项目合同。

3. 编制主体不同

招标书由招标人或其委托的招标代理机构编制；投标书由投标人编制。

作　业

请根据任务四招标书作业中的招标书写一份投标书。

任务六　商务信函

学习情境

阅读下面这封商务信函，了解其内容构成。

尊敬的××酒店总经理：

您好！

我谨代表××床上用品制造公司——一家专注于高端酒店床品研发与生产的企业，冒昧地与您取得联系。在过去的五年间，我们凭借精湛的工艺、优质的原材料及独具匠心的设计，已成功为多家知名酒店提供了定制化床品解决方案，赢得了极高的客户满意度与行业口碑。

近期，我们留意到贵酒店集团正在不断拓展市场版图，对床品品质与风格的要求想必也日益严苛。我们公司恰好拥有一系列符合当下酒店潮流趋势的新品，不仅能为宾客提供极致舒适的睡眠体验，还能有效提升酒店客房的卫生标准，降低运营成本。

若您对我们的产品感兴趣，欢迎随时联系我。我将竭诚为您提供样品展示与详细讲解服务。期待能有机会与贵酒店开启合作新篇章。

联系人：张文

联系电话：13245678911

邮箱：123456@qq.com

顺祝商祺！

××床上用品制造公司

2025 年 4 月 5 日

【情境学习任务】这是一份典型的商务信函。开头直接表明发件人身份及目的，让收件人能迅速了解核心信息，节省时间，符合商务沟通高效的原则。本文强调过往经验，用实际成果背书，向收件人展示了自身具备承接大型酒店订单的能力，增强可信度；阐述产品特色，从产品性能角度吸引对方关注，切中收件人对床品采购的关键需求点，使推荐更具说服力；结尾主动提出可为收件人安排样品展示与讲解，提供进一步沟通的具体途径，让收件人感受到发件人积极推动合作的态度。本文符合商务信函格式，使用了恰当的敬语，如“尊敬的”“顺祝商祺”等，语气谦逊有礼，联系方式完整清晰，给人专业、严谨的印象，利于树立良好的公司形象。

知识点

一、商务信函的概念和特点

（一）商务信函的概念

商务信函是指企业间在各种商务范畴内沟通信息、联系业务、磋商谈判时使用的书信。它是商务交流的重要工具，发挥着诸多关键作用。从形式上看，商务信函具有特定的格式规范。严谨的格式展现了商务往来的专业性与正式性。商务信函内容涵盖广泛，依据不同的商务场景和目的而异：一方面，用于传递业务信息，如产品介绍、价格咨询、订单处理、合同条款商讨等日常运营事务；另一方面，致力于拓展与维护商务关系，如建立业务联系、表达合作意向、对合作伙伴的感谢或祝贺等，通过文字搭建起沟通的桥梁，促进合作的达成与深化。

（二）商务信函的特点

1. 格式规范性

商务信函要素完整且准确，以确保收件人能便捷地知晓发件人身份与联系方式，便于后续沟通。例如，一家跨国公司的商务信函信头会清晰标注总部及各分支机构地址，还有全球通用的客服热线，展现公司规模与服务的专业性。使用恰当、尊敬的称呼，依据对方身份、职务、性别等来确定，如“尊敬的张总经理”“亲爱的李女士”，避免使用过于亲昵或随意的称呼，为商务交流奠定礼貌基调。正文结构严谨，通常按事情重要程度或逻辑顺序分段阐述，段落之间过渡自然，开篇点明主旨、中间详述内容、结尾总结要点或提出期望，让收件人能迅速把握核心信息。结尾多采用固定敬语，如“××敬上”“顺祝商祺”等，根据不同场合与对象进行选择，传递礼貌、祝福之意，为商务信函画上正式、得体的句号。最后签上发件人姓名、职务，必要时加盖公司公章，强化商务信函的权威性与责任归属，尤其在涉及合同、协议等重要事项时，应签字盖章以确保具有法律效力。

2. 语言专业性

商务信函能精确表达商务概念、产品特性、服务条款等，避免歧义。商务信函结合行业特点恰当使用专业词汇，增强沟通效率与专业性。商务信函的书写遵循标准语法规则，少用口语化、碎片化句式。商务信函多采用陈述句、祈使句表达指令、要求；采用条件句、因果句阐述逻辑关系。

3. 内容针对性

每封商务信函都围绕特定商务目的撰写，或是推销产品，或是回应客户咨询，或是协商合作细节，内容聚焦核心问题，不做无关赘述。例如，一封推销办公软件的信函，通篇围绕软件功能、优势、价格及购买激励展开，引导客户下单。

4. 时效性

商务信函要迅速回应，遵循行业惯例或双方约定时间，展现高效服务态度。商务信函所传递的信息应反映当下业务状态、市场行情，确保对方依据最新情况做出决策，避免因信息滞后造成损失。

5. 法律约束性

涉及合同签订、变更、解除等环节的商务信函，内容等同于合同条款的一部分，具有法律效力。商务信函经签字盖章后，必须严格履行，否则承担违约责任，如订单确认函，应明确产品型号、数量、价格、交货期等关键要素，受法律保护。在商务纠纷中，商务信函可作为关键证据，佐证双方沟通意图、承诺事项、履约情况等，因此商务信函要妥善保存，确保文字记录真实、完整、可追溯。

二、商务信函的结构和写作要求

（一）商务信函的结构

商务信函一般包括信头、称呼、正文、结尾和署名五个部分。

1. 信头

发件人信息位于信函最上方，包含公司或个人的全称，要确保准确无误，以彰显发件人身份，如“××科技集团有限公司”“××律师事务所”等。信头写明具体的街道地址、门牌号、城市、省份及邮政编码，若涉及跨国业务，还需附上国家名称。这有助于收件人准确回复信函或了解发件人的地理位置，信头提供一个或多个方便联系的电话号码，包括固定电话和移动电话，便于及时沟通，如“总机：010-××××××××，手机：13×××××××××”。在一些传统商务场景或特定行业，仍在使用传真，标注传真号可满足文件快速传输需求，格式为“传真：010-××××××××”。邮箱也是现代商务沟通的常用联系方式，提供有效的邮箱地址，方便电子文档传递，形式如“ABCD@××company.com”。信头写明具体的发函日期，年、月、日都需具备，一般采用国际通用格式，如“20××年 3 月 15 日”。这对于商务往来中的时间记录、时效性追踪至关重要，能让收件人了解信函的时效性背景。

2. 称呼

发件人要根据收件人身份、职务、性别等确定恰当称呼，对已知具体信息的，可用“尊敬的××总经理”“亲爱的××女士/先生”等；若不清楚具体的个人信息，对公司发函可用“尊敬的××公司负责人”“敬启者”等，务必保持礼貌、尊重，为后续沟通营造良好氛围。

3. 正文

商务信函正文简要说明写信目的，开门见山引出主题，如“关于贵方发布的招标项目，我方特致函表达参与意向”“此次写信是为了向您介绍我公司最新推出的产品系列”，让收件人迅速抓住核心要点，避免冗长铺垫。正文依据发函目的详细阐述相关事务，然后总结，再次强调关键信息，或提出期望、要求、下一步行动建议等，如“期待贵方尽快回复，以便推进合作进程”“希望上述内容能解答您的疑问，如有其他需求，请随时联系我们”等，引导后续沟通方向。

4. 结尾

发件人根据商务场合与对象选择合适的结尾用语，常见的有“此致敬礼”，较为正式、通用；“敬上”常用于对尊贵客户的商务信函中；“顺祝商祺”则专用于商务往来，表达祝愿对方商业顺利，还有“敬祝安好”“祝生意兴隆”等。

5. 署名

若为传统纸质商务信函，发件人需在结尾下方手写签名，签上自己的姓名，确保字迹清晰可辨。这是一种正式的责任确认方式。注明发件人的职务，如“销售经理”“项目经理”“总经理”等，让收件人了解沟通层级，判断商务信函的权威性，尤其在涉及决策、洽谈等事务时，职务信息更为关键。对于涉及合同、协议、重要商务声明等的商务信函，可以加盖公司公章，代表公司意志，赋予商务信函法律效力，确保内容的严肃性与约束力。

（二）商务信函的写作要求

1. 语言简洁

商务信函要紧扣写信目的，避免冗长的铺垫、无关的背景介绍或重复啰嗦的表达。例如，开篇直接点明主旨“现针对贵方咨询的产品价格问题予以答复”，无须过多寒暄。商务信函要避免使用复杂冗长的句子结构，能用短句表达清楚的，尽量不用长句。例如，将“我们公司经过长时间的慎重考虑以及内部多方研讨之后，决定开展此项业务”改为“我公司经研讨，决定开展此项业务”，使信息传达更高效。即便收发信件存在分歧或投诉，也要注意措辞委婉，避免生硬指责。例如，“我们发现近期产品交付出现了些许延迟情况，这给我方项目推进带来了一定困扰，望贵方予以重视并尽快协调解决”，既点明问题，又不破坏合作关系。

2. 重点突出

每封商务信函应围绕一个核心商务目的展开，无论是推销产品、询问合作细节、答复客户疑问还是建立业务联系等，应避免多主题混杂，以便于收件人能迅速把握重点。商务信函要将关键信息置于显眼位置，如开篇点明主旨吸引注意，主体内容中对重要数据、核心优势、紧急诉求等重点阐述，结尾再次强调关键决策点或期望行动，确保重要内容不被淹没。商务信函要依据内容层次和逻辑关系划分段落，每段围绕一个中心思想展开。商务信函要运用连接词、过渡用语使段落间、语句间衔接顺畅，如“此外，关于售后服务方面，我们还提供……”“基于上述情况，我方建议……”，引导收件人跟随发件人思路，理解内容全貌。

3. 受众明确

商务信函要根据收件人职务、角色调整内容深度和侧重点。发件人给高层管理者写信侧重战略决策、效益分析，如阐述合作项目对公司市场拓展、品牌提升的影响；面向技术人员详细说明产品技术参数、操作流程，如介绍软件功能模块及使用方法。发件人要预估收件人对行业知识、专业术语的熟悉程度，避免使用过于生僻或超出对方理解范围的词汇。若与非专业人士沟通，尽量用通俗易懂的语言解释复杂概念，以确保信息有效传递。

4. 响应及时

收件人要严格遵守商务往来的时间约定，有关客户咨询、业务洽谈等商务信函要快速回复。这意味着，一旦商务信函进入收件箱、纸质信函送达办公地点，相关人员应迅速启动处理流程，在规定时间内组织语言、整理思路，向发件人做出一个基本的回应，让发件人知晓其信函已被接收并正在处理。当遇到紧急事项时，响应时间则压缩至当天。

作　业

微课视频

商务信函作业

1. 阅读以下商务信函，判断其书写是否完备和正确。若有不正确的地方，请指出并修正。

尊敬的ABC公司：

我们是EF公司，最近打算买些办公家具，所以先向您询问一下。我们想要的东西比较多，比如说办公桌，要那种大的，能放好多文件资料啥的；还有办公椅，得坐着舒服，别太硬了；文件柜也不能少，要能装下好多文件，最好是铁皮的，结实点。另外，我们还想要个会议桌，能坐十几个人就行，样子好看点。我们不太清楚你们的价格，还有质量能不能过关，听说有的家具用不了多久就坏了，我们可不希望买到这样的东西。所以，你给我们说说价格，还有质量保证这些事儿。要是你们有啥优惠活动，也一块告诉我们，能便宜点当然更好啦。对了，送货时间也得告诉我们，我们着急用呢，别拖太久。还有，我们公司地址是新华路红星大楼里，联系电话是12345678，联系人是小李。就这样吧，等你回信，拜拜。

EF公司

8月10日

2. 假设你是一家新媒体公司的财务人员。公司主要经营内容创作与发布、广告投放与推广、活动策划与执行等业务。有一家合作公司在2025年4月3日与你公司签订了广告投放与推广的合同，按照合同约定，合作公司应在广告投放后的30个工作日内支付款项，但截至目前，广告已经投放，付款期限已过60天，你公司仍未收到合作公司应付的款项。请你以公司名义给该合作公司撰写一封商务信函。

项目六　职业文书

内容提要

本项目介绍了求职信、简历、竞聘报告等职业文书的概念、特点及写作要求。

思维导图

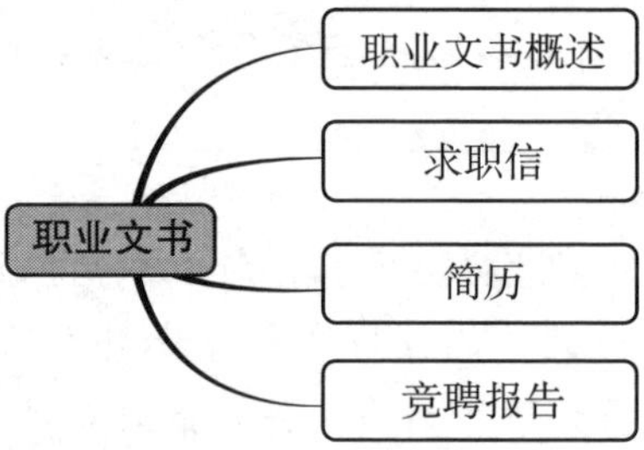

学习目标

- **素质目标：**

1. 培育职业素养；
2. 培养正确的人生观和价值观。

- **知识目标：**

1. 了解求职信、简历、竞聘报告等职业文书的概念、特点；
2. 熟记求职信、简历、竞聘报告等职业文书的结构和写作要求。

- **技能目标：**

能规范撰写求职信、简历、竞聘报告等职业文书。

项目导入

在求职过程中，简历和求职信是求职者向用人单位取得面试资格的“敲门砖”。一份优秀的简历能够简洁明了地呈现求职者的教育背景、专业技能、实习经历和工作能力；一封有针对性的求职信能够进一步阐述求职者的求职动机、个人优势及与目标职位的匹配度。为此，我们需要不断提升自己的职业文书写作能力，为未来的求职和职业发展打下坚实的基础。

职业文书概述

一、职业文书的概念

职业文书是人们在职业选择、职业变动、职业调整等过程中表达职业意愿所使用的一种特定格式的应用文书。

二、职业文书的种类、特点和写作要求

（一）职业文书的种类

职业文书按用途可分为多种类型，主要有求职信、简历、竞聘报告等。

（二）职业文书的特点

1. 指向性

职业文书必须明确地表述写作者的职业意愿和愿望，充分阐述自身的能力、特长和优势，以便给用人单位留下较深刻的印象。

2. 诚实性

职业文书的诚实性是指在职业文书的撰写过程中，应坚持真实、准确、客观的原则，不夸大、不隐瞒、不虚构事实。这种诚实性对于维护职业文书的公信力和个人职业形象至关重要。

3. 简要性

职业文书应力求简明扼要、语言简练，篇幅不宜过长。

（三）职业文书的写作要求

1. 明确行文对象和目的

职业文书的写作是一种创造性的过程。在写作之初，写作者首先要明确行文对象和目的。这是写好职业文书的基础。

2. 真实反映个人信息

不管是求职、竞聘还是述职，都是个人接受用人单位考评的重要一环。因此，在求职信或简历中，求职者应明确表达自己的求职意愿和职业规划；同时，要诚实地说明自己选择该职位的原因和对该职位的理解，以展现自己的真诚和热情。在竞聘和述职报告中，写作者应该真实反映自己的工作能力或者工作成绩，即写出自身在岗位上做了什么实事、结果怎么样、有哪些贡献等。

3. 要有理有据，充实具体

写作者表述的内容要抓住重点、突出中心，充分展现自己的独特之处；要有理有据，

充实具体，可通过具体的例子和数据来支撑自己的陈述。

4. 语言要朴实、简明、准确

职业文书应少用形容词或描述性的句子，更不可用比拟或夸张的修辞手法。

任务一　求职信

学习情境

学校公众号上发布了就业信息，其中有一条引起了同学们的关注：某报业传媒集团招聘体育记者、调查记者 10 人。方雯在校学生会锻炼了新闻采写、视频剪辑、微信推文编辑等能力，有较强的社交能力和业务开拓能力。她很想应聘调查记者的岗位，于是她决定投递一份求职信。

【情境学习任务】求职信有求职申请信和求职自荐信两类。求职申请信是求职者根据在媒体上看到的招聘信息向招聘者寄呈对方要求的求职简历时，所附的用来申明求职意愿、阐述求职理由、表达求职期望的书信体求职文书，一般也称为应聘信；求职自荐信是求职者根据自己的条件和意向，通过自我推荐的方式向可能聘用自己的目标单位展示自我，以谋求理想职位的书信体求职文书，常简称为自荐信。情境中的方雯，通过媒体看到招聘信息，决定向招聘单位投递的求职信属于哪一种呢？我们怎样才能写好一封求职信呢？

知识点

一、求职信的概念和特点

（一）求职信的概念

求职信是求职者为了谋求一个工作岗位，向相关单位申述自己的能力、专长、优势等，恳请录用的一种专用书信。求职信有求职申请信和求职自荐信两类。

（二）求职信的特点

1. 针对性

求职者要针对用人单位的实际需要，在求职信中集中突出自己的竞争优势，阐明自己所具有的条件正是对方所需要的条件，以期求职成功。

2. 自荐性

求职信是求职者写给可能招收自己成为其中一员的单位的书信，其目的就是推荐自己，以期成功地得到自己想要的工作岗位，因此求职信要阐明求职者的专长和技能，向用人单位推荐自己。

3. 祈请性

求职信是求职者要求和愿望表达的重要窗口。求职者希望通过求职信取得用人单位的关注和信任，希望这封信件能起到重要的媒介作用，那么信件就要写得规范合度，既要体现出大方自信，也要谦恭得体。

4. 简要性

求职信篇幅不宜过长，通常应控制在一页 A4 纸以内。在撰写求职信时，求职者需要言简意赅地表达自己的求职意愿、个人特点和能力；避免使用冗长、复杂的句子和词汇，保持文字简洁明了，让用人单位能够快速了解求职者的核心优势。

二、求职信的结构和写作要求

（一）求职信的结构

求职信一般由标题、称呼、正文、致敬语和落款五个部分构成。

1. 标题

求职信的标题可以直接写“求职信”或“自荐信”。

2. 称呼

求职信一般是写给单位负责人的，因此称呼要准确无误。例如，写给国家机关或事业单位的人事部门负责人的，可用“尊敬的××处（司）长”称呼；写给企业领导的则用“尊敬的××董事长（总经理）”“尊敬的××厂长（经理）”；写给院校人事处负责人或校长的，可称“尊敬的××教授（校长/老师）”。如果姓名不详，可用“负责人”代称，如“尊敬的××负责人”即可。

3. 正文

正文一般由开头、主体、结尾三个部分组成。

（1）开头：开头要引起招聘者注意。开头的写法主要有以下三种：一是介绍式开头，即自我介绍，如“我是××大学××专业应届毕业生×××，一直仰慕贵公司，想在贵公司求取××岗位的工作”。二是缘起式开头，交代获悉用人单位招聘信息的渠道，如“今日在《××晚报》上看到贵公司征聘××岗位，我想应聘该岗位”。三是其他开头，以比较容易引起注意的形式开头，如“贵公司想要一位有十年工作经验、业务精熟、认真负责的员工，我十分渴望成为贵公司的一员”。

（2）主体：要引起招聘者的兴趣和重视。简明扼要地介绍自己的基本情况，如性别、年龄、健康状况等，以及与应聘职位有关的学历水平、毕业学校、专业、经历、成绩等；要突出特长优势和与众不同的才智，强调说明自己具备招聘方所提的条件，并表明自己有做好该项工作的信心和能力。不必面面俱到，但要条理清晰、段落分明。

（3）结尾：一般表达两个意思，一是希望对方给予答复，并盼望能够得到参加面试的机会；二是表示敬意、祝福，如“顺祝愉快安康”“深表谢意”等。

4. 致敬语

正文下一行前空两格写致敬语。

5. 落款

在致敬语右下方写明求职者的姓名和成文日期。

（二）求职信的写作要求

1. 目标明确

求职者要针对应聘岗位的每一项要求来陈述内容。求职者可以通过讲述自己的成长经历、特殊技能或独特的见解等方式，展现自己的个性和价值。

2. 内容真实

求职信必须实事求是，不能弄虚作假。

3. 语言得体

求职信需要保持礼貌得体的风格。在信件的开头和结尾，求职者需要使用适当的称呼和敬语，表达对用人单位的尊重和感激。同时，在阐述自己的能力和经验时，求职者需要保持客观、谦逊的态度，避免给用人单位留下傲慢或自大的印象。

三、例文分析

【例文 6.1】

求职申请信

尊敬的××公司总经理：

您好！

我在《××晚报》上见到贵公司刊登的招聘启事，得知贵公司招聘商务文秘1人，我能胜任此岗位，特来应聘，盼望能成为贵公司的一员。

我是××学校的应届毕业生，所学专业是×××。在校期间，我系统学习了秘书学、应用文写作、管理学、公共关系学、市场营销和秘书礼仪等专业课程，较扎实地掌握了商务文秘理论知识，熟悉应用文写作和公文处理；学习成绩优秀，两次获得优秀学生奖学金。我的计算机操作技术能够满足现代化办公的需要。我还担任学生会宣传部部长，也曾在××公司实习，担任行政助理一职，负责做会议记录、整理公司资料、发传真，以及协助领导开展工作。工作期间，我踏实认真，得到了领导的好评。

我性格开朗，热情诚实，能吃苦，服从安排，有较强的团队合作精神。恳请贵公司能给我一个机会。随信附上个人简历。

感谢您在百忙之中审阅我的求职信。愿贵公司事业蒸蒸日上。恭候佳音。

此致

敬礼

附：1. 个人简历

2. 技能证书等复印件

求职者：×××

××××年××月××日

联系地址：×××××××

邮政编码：××××××

联系电话：189××××××××

【简析】这是一篇求职申请信，也叫应聘信，是根据用人单位发布的招聘条件，目的明确地介绍自己。正文部分首先表明写信缘由，提出求职意愿；接着介绍自己的专业学习、实习、性格等情况，充分展示自己与应聘岗位相匹配的基本素质和综合能力。该求职申请信语言礼貌得体，内容简明扼要、重点突出。

【例文 6.2】

求职自荐信

尊敬的××领导：

您好！

感谢您在百忙之中看我的材料。我是××学校应届毕业生，所学专业是××。我非常想成为贵公司的一员，从事计算机服务等工作。

在校期间，我系统学习了电路基础、数字电路、现代通信等专业课程，在教学实验、课程设计、社会实习等一系列实践活动中，我的动手能力得到了锻炼与提高，现已能够独立设计制作简单的电子线路。在××公司实习期间，我利用单片机技术为该公司设计的“××自动监测设备”，提高了生产效率，减少了安全隐患，受到该公司的好评。我还能熟练应用多种办公软件。

我性格开朗，热情诚实，能吃苦，有较强的团队合作精神。我期望成为贵公司的一员，如果贵公司能够给予我机会，我会用我的热情和勤奋、知识与能力来回报贵公司的厚爱。

盼望得到面谈的机会。

此致

敬礼

求职者：×××

××××年××月××日

联系地址：×××××××

邮政编码：××××××

联系电话：×××××××××××

【简析】这是一篇求职自荐信，是求职者不知晓收信单位是否有用人需求，以自荐的方式投递的求职书信，所以没有具体的职位和岗位，只是谋求与计算机服务相关的工作。正文介绍了自荐条件，含学习、能力和为人等，展现了积极向上、专业过硬的个人形象。

知识拓展

求职申请信和求职自荐信的区别

1. 相同点

（1）写作目的相同。求职申请信与求职自荐信的写作目的都是谋求合适的职位，追求求职的成功。

（2）文本体式相同。求职申请信与求职自荐信在写法上都采用传统的书信体，二者在格式上都要遵循一般书信的基本要求。

（3）表达方式相同。求职申请信与求职自荐信都以叙述为基本的表达方式；都使用第一人称“我”来表述。

（4）情感色彩相同。求职者通过写作和使用求职申请信与求职自荐信来展现个人积极的求职意愿，二者的主观情感色彩都比较浓厚。

2. 不同点

（1）写作缘起不同。求职申请信的写作缘起一般是，求职者从报刊等媒体上获知用人单位的招聘信息，认为自己的条件符合某个职位的招聘要求，针对这个具体职位而写一封表达求职意愿的信函，和求职简历一并寄送给用人单位。求职自荐信的写作缘起则不然，求职者大多采取的是毛遂自荐的姿态和方式。求职者通过向一家、几家、几十家甚至上百家目标单位寄送自我推荐信的形式，展示自己、推销自己，从而力争谋求到适合自己的某种或某类职位，而这些目标单位可能并未招聘或并未公开招聘。

（2）写作对象不同。求职申请信的写作对象一般是人事部门或人力资源部门，具体情况取决于用人单位在招聘广告中所发布的相关信息或要求，求职自荐信的写作对象除了前述提及的人事部门或人力资源部门外，还包括求职者目标单位的高层领导，并且将后者作为求职自荐信的写作对象的效果可能会更佳。由于求职者的目标单位可能不是一两个，而是十几个甚至更多，并且求职者通过寄送求职自荐信谋求的不是某个具体职位而是某种或某类职位，因此寄送的求职自荐信的内容往往是相同的，在具体写作形式上一般采用如“尊敬的领导”之类的泛称。

资料来源：赵莉．正确使用求职申请信与求职自荐信［J］．现代交际，2018（2）：248－249.

作　业

1. 下列不是求职信的基本组成部分的是（　　）。

A. 联系信息　　B. 敬称

C. 自我介绍　　D. 求职意向

2. 在求职信中，（　　）不是自我介绍的主要内容。

A. 简要介绍教育背景和工作经验　　B. 详细阐述个人技能和特长

C. 大肆阐述自己的价值观和人生观　　D. 介绍与求职岗位相关的工作成果

3.（　　）的结尾方式不适用于求职信。

A. 表达对未来合作的期待　　B. 感谢对方阅读求职信

C. 再次强调求职意向和优势　　D. 提出必须约见的请求

4. 某报业集团面向高校毕业生招聘文字编辑。请你根据职位要求，结合自身情况，写一封约 300 字的求职信，要求内容充实、格式规范、语言得体。

任务二　简历

学习情境

一位同学说，她从大四上学期开始策划简历，甚至花 200 元参加了相关培训班，用多幅艺术照、各种大小奖项及几页热情洋溢的求职信组合成了简历，没想到竟然被用人单位以“没有重点、缺乏创意”为由拒之门外。简历，到底是越简越好，还是越繁复、越花哨越好？

【情境学习任务】简历需要有实质性内容。用人单位是根据求职者的学习成绩、各种技能和实践经验来判断求职者能力的，大小奖项是证明材料。简历虽涉及个人的各方面情况，但不要面面俱到、不分主次，而是应该根据用人单位和岗位要求及自身的强项，巧妙地突出优势。那么，应如何才能写好一份简历呢？

知识点

一、简历的概念和种类

（一）简历的概念

简历是一个人的简单经历，也叫履历，是一个人从上学到工作的全部经历。为求职而写的简历，是求职者将自己与所申请职位紧密相关的经历、经验、技能、成果等个人信息，经过分析整理并清晰简要地向用人单位表述出来的书面求职材料。

（二）简历的种类

从内容组合类型上分，常见的简历种类有以下几种：

1. 时间式简历

这是一种按照时间顺序逐一列出个人经历的简历。这种简历适合工作经历稳定、持续在某一领域发展的求职者。这种形式可以清晰地展示求职者的职业发展轨迹。

2. 职能式简历

这是一种根据工作职能或性质来描述经历、不强调时间顺序的简历形式。这种简历适合工作经验多样、跨领域发展的求职者，或者想要突出特定技能或成就的求职者。这种形式的简历可以灵活地展示求职者的能力和经验，淡化时间上的不连贯。

3. 综合式简历

这是一种结合时间式和职能式特点的简历，既有时间线索，又突出职能成就。这种简历适合大多数求职者，特别是那些希望全面展示自己经历和能力的人。这种形式的简历既清晰又全面，有助于用人单位快速了解求职者的整体情况。

4. 其他形式

小册子式简历、提要节略式简历等在视觉上可能更具吸引力，但需要注意内容的精练和重点的突出。

通过合理的形式设计和内容编排，突出求职者的核心优势和特点，可以提高简历的吸引力和竞争力。

二、简历的结构和写作要求

（一）简历的结构

简历的格式一般为表格式或表格与文章综合式，主要内容如下。

1. 个人基本信息

个人基本信息包括姓名、性别、年龄（或出生年月）、联系方式（电话、邮箱等）、求职意向（职位和工作地点）、个人照片（使用正装彩色证件照效果最佳，不要过度美化处理）。

2. 教育背景

教育背景包括求职者的学习经历，包括就读学校、专业、毕业时间、学位等；知识结构，用最主要的、有特色的专业课程来描述；与目标相关的业余学习，包括专业技能培训、自考、函授等；学习成绩，如果在校期间成绩优秀或获得过奖学金、荣誉称号等也应列出。

3. 工作经历

工作经历包括公司名称、职位、工作时间、工作内容和职责，以及在工作中取得的成就和贡献。这部分是简历的重点，求职者需要突出自己的专业技能和工作经验。

4. 技能与专长

技能与专长部分列出求职者的专业技能、语言能力、计算机软件运用能力等，并附上相关证书或资格证明。如果求职者有特殊技能或专长，也应在此部分进行说明。

5. 项目经验

如果求职者参与过重大项目或重要任务，可以单独列出项目经验部分，详细介绍项目背景、自己在项目中的角色和贡献，以及项目成果。

6. 自我评价

求职者简要地对自己的性格、能力、优势进行自我评价，让用人单位更好地了解自己。

（二）简历的写作要求

1. 针对岗位定内容

简历不能千篇一律，求职者需要根据不同的职位和公司要求，适当调整简历的内容和重点，以撰写有针对性、个性化的求职简历。

2. 真实可信不造假

简历中的信息应真实可信，不得夸大或捏造事实。

3. 求职意向须明确

求职意向越具体，越有利于用人单位进行初步筛选，明确的求职意向能够帮助求职者获得更多的面试机会。

4. 语言简洁精准

求职者应用简洁明了的语言表达清楚，避免冗长和烦琐的叙述，突出关键信息；在提交简历前，务必仔细检查是否有错别字、语法错误或排版错误等问题。

5. 版面美观大方

设计优秀的版面可以体现求职者的文化素养、品位等基本素质。因此，求职者在设计简历时要考虑排版的美观性和易读性，使用清晰的字体和适当的段落分隔；忌设计过于花哨和排版密集，喧宾夺主。

三、例文分析

【例文 6.3】

简历

基本资料

方××　　　　　　××学校××专业××班　　　　照片

邮编：××××××　　　　手机：138××××××××

求职目标　　　　教师

教育背景

2021.09—2025.07　××学校××专业

课程与实践：教育学、心理学、课程教学法、专业课程等

技能与特长

资格证书：小学教师资格证书、全国普通话水平测试二级证书

专业技能：掌握××学科课堂教学能力、教育教学科研能力

计算机技能：熟练操作 Word、Excel、Photoshop、微课程制作等办公软件

工作经历

2025.02—2025.06　××学校实习，熟悉小学教学流程；具备备课、说课、讲课能力；开设公开课，撰写教学反思报告；学会制作微课；学会写调研材料。

社团活动

担任××社团社长，学会组织活动、管理团队。

获奖情况

校级一等奖学金、“校级优秀学生干部”荣誉称号。

自我评价

积极上进，顾全大局；具有积极主动、认真仔细、精益求精的工作态度；正直、诚实、自律，团队协作能力较强；热爱教育事业，具有教育情怀。

【简析】 这是一份应届毕业生的简历，内容全面，结构清晰明了。简历中，从求职目标“教师”出发，着重介绍了求职者的专业实习能力和技能特长，重点突出，表述简约清楚。

知识拓展

求职信与简历的区别

微课视频

求职信和简历的区别

1. 相同点

求职信与简历均属求职过程中使用的文字材料，二者的写作目的相同，都是求职者为了向用人单位介绍推荐自己，从而达到获得某项工作或职位的目的；作为实用性的文体，二者在写作中都要求内容真实准确、表述客观实在、形式简洁精练、逻辑严谨周密。

2. 不同点

第一，形式不同。求职信是“书信”的一种，其表现形式要遵循书信的基本格式规范。而简历则是求职者自己履历（包括学习、生活、工作或实践等经历）的一个简单介绍，它一般是以表格的形式呈现的。

第二，内容要素不同。求职信大致包括这些要素：首先是标题和称呼。开头部分一般有：问候语，阐明从何处获得对方的用人信息，自己符合什么条件，打算谋求或应聘哪个工作岗位等内容。主体部分是向用人单位作自我介绍和推荐。求职者还可谈谈对工作或职位的认识及工作愿景，自己对工作或面试的渴望，自己的联系方式等内容。最后是致敬语及落款等。简历从内容上看大致包括这些要素：个人基本信息、教育背景、工作经历等。

第三，性质不同。现在的求职信多体现单发性的特点，即每一封求职信仅写给某一用人单位，目标十分明确——谋求或应聘该用人单位的某项工作或职位，体现在内容上往往能紧扣所谋求的工作或职位进行自我介绍和推荐，灵活机动、重点突出、针对性强。与求职信的这种单发性不同，简历则更多具有普发性的特点，即面向的不是某一具体的用人单位而是广大的社会用人单位；谋求的不是某一特定的工作或职位，而是与自己专业及意愿对应或相关联的、性质相近的多种工作岗位；因求职者写简历时求职目标不十分明确具体，故针对性不强，体现在内容上对自己的介绍则要更全面客观。

资料来源：胡秀阁．求职信与求职简历辨析［J］．办公室业务，2011（5）：26.

作　业

1. 求职简历中最重要的内容是（　　）。

A. 个人照片　　B. 封面设计

C. 工作经验　　D. 兴趣爱好

2. 下列关于工作经历在求职简历中如何展示的说法，不正确的是（　　）。

A. 毕业生刚走出校门，尽管没有与所申请职位相关的工作经历，但可展示毕业实习、兼职、假期工或周末工等经历，来表明对工作环境的熟悉

B. 只要列出求职者工作单位名称、职位名称即可

C. 要展示工作中值得骄傲的事

D. 要展示求职者在工作中的角色、任务和贡献

3. 在一般的简历中，（　　）不是必要的内容。

A. 个人技能　　B. 证书和奖项

C. 社交媒体账号　　D. 项目经验

4. 在撰写简历时，下列哪种做法是不推荐的？（　　）

A. 使用清晰简洁的语言　　B. 夸大自己的成就和能力

C. 突出与应聘职位相关的经验和技能　　D. 仔细检查语法和拼音错误

5. 简历中的“自我评价”部分应该（　　）。

A. 描述自己的性格特点

B. 写明所获证书

C. 强调自己的不足和需要改进的地方

D. 省略不写，因为招聘者更看重客观经历

任务三　竞聘报告

学习情境

为提高学生自主管理能力，进一步加强学生干部队伍建设，有效开展学生会工作，××大学将开展学生会干部换届竞聘工作。在竞聘大会上，每个选手都要上台参加竞聘演讲。文文想竞聘宣传部部长一职。她精心准备竞聘报告，参考了很多网上的竞聘演讲稿模板，总感觉没有符合自己特点的模板。她请教老师，老师说要展现宣传方面的领导能力、团队合作能力、解决实际问题的能力。

【情境学习任务】竞聘演讲是为有意向参与某项工作的人提供的一个展示自我的平台。参加竞聘演讲不仅要写竞聘报告，锻炼写作能力；还要演讲，锻炼口才、表达能力和逻辑思维能力。可以说，准备竞聘演讲的过程也是一个学习和成长的过程。那么，如何写好一篇竞聘报告呢？

知识点

一、竞聘报告的概念和特点

（一）竞聘报告的概念

竞聘报告，也称竞聘演讲词、竞聘书，是竞聘者在竞聘会议上向与会者发表的一种用以阐述自己的竞聘条件、竞聘优势，以及对竞聘职务的认识，被聘任后的工作设想、打算等的工作文书。

（二）竞聘报告的特点

1. 目的性

竞聘报告的目的既单一又突出，它以竞聘某一职务为目标，紧紧围绕这一目的行文。

2. 竞争性

竞聘报告最突出的特点就是它具有竞争性。为了达到竞聘成功的目的，竞聘者在竞聘报告中不仅要陈述自己能胜任某一职务的基本素质与条件，而且要重点陈述自己与其他竞聘者相比的突出优势。

3. 深刻性

如果竞聘者对岗位没有深刻的认识，就无法申述自己竞聘的有利条件或被聘用后的打算和设想。竞聘报告的内容需深刻，应涵盖竞聘者的个人优势、竞聘动机、对岗位的理解及工作规划，体现竞聘者的专业素养与前瞻思维。

二、竞聘报告的结构和写作要求

（一）竞聘报告的结构

竞聘报告一般由标题、称呼、正文和落款四个部分组成。

1. 标题

竞聘报告的标题有三种写法。一是直接用“竞聘报告”做标题；二是公文标题，即“竞聘职务＋文种”，如“竞聘××岗位的竞聘报告”；三是文章标题，既可用单行标题拟制，也可采用正副标题形式，如“捧着一颗心来，不带半根草去”。

2. 称呼

竞聘报告中所涉及的称呼即对评委或与会者的称呼，一般用“各位评委”“各位听众”“尊敬的各位领导、同志们”这样的泛称。

3. 正文

（1）开头。竞聘报告的开头一般写两个方面的内容：一是介绍竞聘者个人的基本情况，包括姓名、所在（或毕业）院校等；二是点明要竞聘的职务。竞聘报告的开头没有固定的写法，应写与竞聘职务相关的、对竞聘成功有利的内容。为营造友善、和谐的气氛，正文开篇应以礼节性致谢词导入正题，如“感谢给我这样的机会让我参加竞聘”“恳请评委及与会同志指教”等。

（2）主体。这是全文的重点和核心。

1）陈述竞聘的主要优势。竞聘者针对竞聘的岗位介绍自己，突出和竞聘岗位相关的经历和业务能力，以积极的态度进行描述，以获得与会者的认可。

2）阐述对竞聘岗位的认识。竞聘者写明对所竞聘岗位在全局工作中所处的重要地位、意义、作用等的准确认识。

3）聘后设想。竞聘者根据所竞聘岗位的职责，从自己的实际能力出发，将任职后的打算、设想、措施、办法、目标、效果等集中进行展示。

（3）结尾：竞聘者既可以写出自己竞聘的决心和信心，请求有关部门和代表考虑自己的愿望和请求；也可以表明自己的态度。好的结尾应写得恳切、有力，意近旨远，使人闭目能为之长思。

4. 落款

竞聘者在正文的右下角署上姓名和成文日期或竞聘日期，但在演讲时不必讲出。

（二）竞聘报告的写作要求

1. 做好前期准备工作

竞聘者写作前要深入细致地了解所竞聘部门面对的难点问题；要深入细致地了解所竞聘岗位的基本情况，仔细分析。

2. 态度要诚恳

竞聘者要真实诚恳，不能言过其实，在写作过程中要仔细揣摩，把握好尺度、实事求是。

3. 语言要质朴

竞聘演讲不宜追求气氛的烘托和渲染，应避免使用抒情的表达方式，多用符合口语表达习惯和听觉习惯的句子。竞聘者在展示自己的优势内容时，要善于归纳，以事实和数据为佐证，简洁明了，避免长篇累牍。

4. 篇幅适宜

因为竞聘演讲的时间是有限的，所以竞聘者要在规定时间内完成演讲。竞聘报告篇幅不宜过长，否则容易使与会者产生厌倦情绪，影响演讲效果；篇幅也不宜过短，否则不足以充分展示竞聘优势。

三、例文分析

【例文 6.4】

学生会学习部部长竞聘报告

尊敬的校领导、老师，亲爱的同学们：

大家晚上好！

我很高兴能站在这个讲台上，参加学生会学习部部长的竞聘。在这里，我首先要感谢学院为我们提供了这么一个展示自我的平台，也感谢在座的各位领导、老师和同学们，你们的到来就是对我最大的支持与信任。

我是来自人文学院的李明，是2024级的学生，现任班级学习委员。在过去的一年里，我作为班级学习委员，积极组织学习小组，帮助同学们解决学习难题，提高学习成绩；同时，我也积极参与学生会组织的各项活动，积累了丰富的组织经验，培养了协调能力。

我深知学习部部长职责重大，需要带领同学们营造良好的学习氛围，促进学术交流，提高整体学习水平。为此，我制订了以下工作计划。

(1) 开展学习经验分享会，邀请学长学姐分享学习方法和经验，帮助同学们找到适合自己的学习方式。

(2) 组织学科竞赛，激发同学们的学习兴趣和竞争意识，提升学科素养。

(3) 建立学习资源库，收集并分享优质的学习资料和课程，方便同学们自主学习。

如果我有幸当选为学生会学习部部长，我将以身作则、努力学习，不断提升自己的专业素养和组织能力，为同学们提供更好的服务。同时，我也将虚心接受大家的意见和建议，不断完善自己的工作。

谢谢大家！

李明

2025年××月××日

【简析】这篇竞聘报告行文层次清晰、条理分明。文章开头饱含激情，点明要竞聘的岗位，又以礼节性致谢词导入正题来加深与会者对自己的印象；主体部分有层次地介绍了自己担任班级学习委员的能力，阐述了对学生会学习部部长职责的认识，并制订了工作计划，符合竞聘报告的基本要求和写作规范。

知识拓展

竞聘报告的写作要具有角色意识

角色意识在竞聘报告中主要体现在以下几个方面：

1. 明确角色定位

在撰写竞聘报告时，竞聘者首先要明确自己所竞聘的职位及其职责要求，清楚自己的角色定位。这有助于在演讲中更加精准地阐述自己的优势与竞聘该职位的匹配度。

2. 代入角色视角

在写作过程中，竞聘者要代入所竞聘职位的视角，思考该职位所面临的主要问题、挑战及未来发展方向。这样能够使竞聘报告的内容更加贴近实际，体现对职位的深入理解和思考。

3. 展现角色能力

在报告中，竞聘者要突出展示自己具备胜任该职位的能力和素质，包括专业技能、管理经验、沟通协调能力等；同时，要结合具体事例和数据来支撑自己的陈述，增强说服力。

4. 体现角色担当

竞聘者在报告中应体现对该职位的担当精神，包括对工作职责的认真履行、对团队和组织的贡献意愿等。这有助于赢得评审人员的信任和认可。

5. 适应角色转换

在演讲过程中，竞聘者还需注意自己的语言表达和体态举止，以适应角色转换。

综上所述，具有角色意识的竞聘报告能够更加精准地传达竞聘者的优势和意愿，提高竞聘成功的概率。

作 业

1. 竞聘报告的主要目的是（　　）。

A. 展示个人才艺　　B. 阐述竞聘条件与个人优势

C. 批评现有领导　　D. 汇报工作进展

2. 竞聘报告的称呼通常指的是（　　）。

A. 竞聘职位的名称　　B. 对评审人员的称呼

C. 演讲地点的名称　　D. 竞聘者的自我介绍

3. 竞聘报告的正文部分不包括（　　）。

A. 个人简历　　B. 竞聘动机

C. 未来工作设想　　D. 公司财务报表

4. 在竞聘报告中，应如何体现角色意识？（　　）

A. 强调个人兴趣爱好　　B. 明确角色定位

C. 突出竞聘者的家庭背景　　D. 不代入角色视角

5. 竞聘报告的结尾部分一般不包括（　　）。

A. 表达竞聘决心　　B. 请求评审人员考虑

C. 对现有工作提出批评　　D. 表明态度

6. 竞聘报告的语言风格应该是（　　）。

A. 随意、口语化　　B. 正式、专业

C. 幽默、风趣　　D. 抒情、感性

项目七　科技文书

内容提要

本项目聚焦实习报告、毕业论文、毕业设计这三类科技文书，详细阐述它们的概念、特点、写作要求。

思维导图

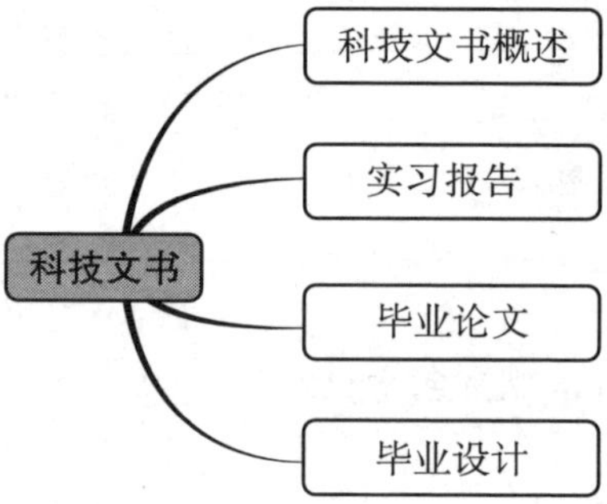

学习目标

● **素质目标：**

1. 培养严谨、认真的治学态度，认识到科技文书写作在学术研究和实践总结中的重要性，增强对知识的尊重和对学术的敬畏之心；

2. 提升自我管理和反思能力，通过撰写科技文书，学会对实践和研究过程进行全面回顾与思考，培养不断进取和追求卓越的精神。

● **知识目标：**

1. 深入理解实习报告、毕业论文、毕业设计的概念；

2. 熟悉科技文书的特点、结构，构建系统的知识体系。

● **技能目标：**

1. 能够根据实习、研究和设计的实际情况，运用写作技能，撰写结构合理、内容充实、逻辑严谨的实习报告、毕业论文和毕业设计；

2. 掌握资料收集、整理与分析的方法，学会运用恰当的研究方法和工具，提升数据处理和文字表达能力，使科技文书具有较高的学术价值和实践指导意义。

项目导入

在高等教育和职业发展过程中，实习报告、毕业论文、毕业设计是重要的学习成果展示方式。在实习阶段，撰写实习报告可以帮助我们总结实习经历、梳理所学技能、发现自身不足，为未来的职业规划提供参考。毕业论文是对大学期间专业知识学习和研究能力的综合检验。通过撰写毕业论文，我们可以深入探究专业领域的问题，展示学术研究成果。毕业设计侧重将理论知识应用于实际项目，锻炼解决实际问题的能力，其成果不仅是项目的总结，也是技术交流和成果转化的重要依据。掌握这三类科技文书的写作技能，对于我们顺利完成学业、提升职业竞争力具有重要意义。

科技文书概述

一、科技文书的概念

科技文书是以科学研究、科技成果和科技事务为反映对象，对科学原理、定律和其他科学技术研究成果进行科学记录、总结、论证和说明的一种具有实用价值和一定惯用格式的应用文体。

二、科技文书的种类和作用

（一）科技文书的种类

1. 学术论文

学术论文按用途来分，分为期刊论文、会议论文和学位论文等。

2. 科技报告

科技报告分为科技可行性报告、科技开题报告、科技考察（实习）报告、科技实验报告等。

（二）科技文书的作用

科技文书是在科学研究、科技管理工作中形成的各种应用文的总称。科技文书写作是运用应用文写作的基本原理，融科学技术的丰富内容和系统的写作知识、技能为一体，以各种实用科技文体为主要形式的写作活动。它有储存科技信息、交流科技成果、促进科学研究、普及科技知识的作用。

从高职高专学生实用的角度出发，本项目重点介绍实习报告、毕业论文、毕业设计报告的写作要领。

任务一　实习报告

学习情境

任某是一名学前教育专业的大三学生。为了积累实践经验、提升专业能力，她来到一所市重点示范幼儿园进行为期三个月的实习。实习期间，她深入幼儿课堂、参与日常教学活动，包括制订课程计划、组织游戏活动、引导幼儿进行艺术创作等；同时，她也协助教师进行班级管理，与幼儿家长保持沟通交流。实习结束时，幼儿园要求实习生提交实习报告，旨在通过实习报告了解实习生对幼儿教育理念的理解、教学技能的掌握程度及与幼儿和家长的互动情况，以此评估实习生是否具备成为一名合格幼儿教师的能力。而对于任某自身而言，这份实习报告能够系统总结实习中的收获与不足，为后续的学习和职业发展提供方向。此外，这份实习报告也是学校评估学生实践能力、给予相应学分的关键参考，体现学生在真实环境中对专业知识的运用和深化。

【情境学习任务】对于实习企业来说，实习报告是衡量实习生能力的重要标尺，能直观展现实习生对工作内容的理解、专业技能的应用及融入团队的情况，进而判断其是否符合岗位要求。从大学生自身来看，撰写实习报告是回顾实习经历的过程，能总结实习经验、发现不足，为未来的职业规划提供清晰思路。对学校而言，实习报告是评估学生实践能力的关键资料，通过实习报告了解学生在不同行业的实践表现，从而优化教学内容，更好地满足社会需求。

知识点

一、实习报告的概念和特点

（一）实习报告的概念

实习报告是大学生在实习结束后撰写的书面材料。它详细记录了大学生实习期间的工作内容、流程与成果，涵盖大学生对实习岗位的认知、专业知识与技能的运用过程，以及在实习中遇到的问题和解决方法。

（二）实习报告的特点

1. 真实性

实习报告的内容需基于真实实习经历，大学生应如实记录工作内容、遇到的问题及解决办法，数据和事例都应真实可靠，以确保实习报告能反映实际情况。

2. 专业性

实习报告应体现大学生所学专业知识在实习中的运用，无论是分析问题还是提出解决方案，都需展现专业素养，以体现专业知识与实践的结合。

3. 总结性

实习报告要对实习全过程进行系统梳理，不仅要记录做了什么，还要总结实习收获，如能力提升、经验积累等，反思不足，为未来学习和工作提供参考。

4. 针对性

实习报告要围绕实习岗位和实习目标展开，紧密结合实习工作内容，针对实习中遇到的具体问题进行分析，提出具有针对性的见解和改进措施。

二、实习报告的种类

（一）认知型实习报告

这类报告重点描述实习单位概况、工作流程，如参观工厂后撰写《关于工厂生产流程与组织架构的报告》，帮助大学生建立行业基本概念。

（二）专业型实习报告

专业型实习报告与所学专业紧密相连，由大学生在参与实际工作后结合专业知识撰写。例如，计算机专业学生在软件公司实习，实习报告就会围绕软件项目开发过程、技术应用、所遇到的技术难题及解决方法展开，以体现专业知识的实践运用。

（三）就业型实习报告

就业型实习报告通常是毕业生为求职而作的报告，实习单位多为意向就业企业。就业型实习报告强调实习收获对未来职业规划的影响，包括大学生对岗位的理解、自身职业能力的提升，以及对就业方向的明确等，为求职提供有力支撑。

（四）科研型实习报告

科研型实习报告着重记录科研实验过程、数据收集与分析、研究成果等内容，反映大学生在科研方面的能力与贡献，这对大学生未来从事科研工作意义重大。

三、实习报告的结构和写作要求

（一）实习报告的结构

实习报告的结构包括标题、摘要、正文、结论、参考文献等。

1. 标题

标题简洁明了地概括实习报告核心内容，能直观体现实习的行业、岗位或主题，如“××公司市场运营实习报告”，让人直观了解报告重点。

2. 摘要

摘要（若有）是对实习报告内容的高度浓缩，涵盖实习目的、主要内容、关键成果与结论，方便读者快速把握报告主旨。

3. 正文

正文是实习报告的主体部分。正文首先介绍实习单位概况，包括企业背景、业务范围等；其次阐述实习目的与任务，说明为什么实习及要完成的工作；再次详细描述实习内容与过程，如工作流程；最后分析实习中遇到的问题及解决方法，体现个人的思考与应对能力。

4. 结论

结论总结实习收获，包括专业技能的提升、对行业的新认识等；反思实习中的不足，提出未来改进方向与发展计划。

5. 参考文献

参考文献列出实习报告撰写过程中引用的资料来源，如书籍、论文、网页等，遵循规范的引用格式，体现报告的严谨性与学术性。

（二）实习报告的写作要求

1. 客观真实

报告内容要真实可靠，不能夸大或虚构实习经历和成果。

2. 简洁明了

用清晰简洁的语言表达自己的思想，避免冗长的叙述，让读者能够迅速了解实习经历；应围绕实习目标、核心工作任务、关键学习点和深刻体会来组织内容，突出重点和亮点。

3. 准确规范

使用准确的专业术语和规范的语言表达，避免出现错别字、语法错误和语病。

4. 严格保密

严格遵守实习单位的保密规定，不得泄露实习单位机密信息、敏感数据、核心技术或未公开的商业计划；如有必要展示工作成果，需事先获得实习单位的许可。

四、例文分析

【例文 7.1】

××幼儿园实习报告

姓名：任某

专业：学前教育

实习单位：××幼儿园

实习时间：××××年××月××日—××××年××月××日

一、实习目的

作为一名学前教育专业的大三学生，我期望通过实习将理论知识与实践相结合，提升专业能力、积累教学经验、了解学前教育行业的实际需求，为未来的职业发展奠定基础。

二、实习单位及岗位介绍

我实习的幼儿园是一所备受赞誉的市重点示范幼儿园，拥有先进的教育理念和完善的教学设施。该园师资力量雄厚，注重培养幼儿的综合素质。我担任实习教师，参与班级日常教学和管理工作。

三、实习内容及过程

（一）教学活动

（1）制订课程计划：根据幼儿的年龄特点和教学大纲要求，每周精心设计课程计划，将故事、游戏、手工等活动融入其中，激发幼儿的学习兴趣。例如，我通过“数字接龙”游戏，让幼儿在玩乐中熟悉数字顺序。

（2）组织游戏活动：组织多种类型的游戏，如角色扮演游戏“小小超市”，锻炼幼儿的沟通能力；团队接力游戏，培养幼儿的团队协作意识。

（3）引导艺术创作：在美术课上，鼓励幼儿自由创作，用彩泥、水彩笔等材料表达自己的想法。有的幼儿创作了“我的家”主题画作，我引导他们分享画作背后的故事，锻炼幼儿的表达能力。

（二）班级管理

我协助主班教师维持班级秩序，建立良好的班级规则。例如，我和幼儿一起制定了“安静午睡”“有序排队”等规则，并通过奖励小红花的方式鼓励幼儿遵守规则。

（三）家园沟通

我定期与家长交流，通过家长会、日常沟通等方式，反馈幼儿在园的学习和生活情况，倾听家长的意见和建议。有位家长担心孩子在园不适应，我及时分享孩子在园的快乐瞬间，缓解了家长的担忧。

四、实习收获与体会

（1）专业技能提升：学会了根据幼儿特点设计教学活动，提高了课堂组织和管理能力。

（2）教育理念深化：深刻理解了以幼儿为中心的教育理念，尊重幼儿的独特性。

（3）沟通能力增强：与幼儿、教师和家长的沟通更加顺畅，明白了有效沟通在幼儿教育中的重要性。

五、存在的不足及改进措施

（1）不足：教学经验不足，面对突发情况有时应对不够灵活；对个别特殊幼儿的教育方法还需进一步探索。

（2）改进措施：多观摩优秀教师的教学，积累经验；学习特殊教育相关知识，提升对特殊幼儿的教育能力。

六、结论

通过这次实习，我在专业能力和职业素养上都有了很大的提升，既明确了自己在学前教育领域的发展方向，也认识到了自身的不足。未来，我将继续努力学习，为成为一名优秀的幼儿教师而不懈奋斗。

七、参考文献

略。

【简析】这份实习报告格式规范、结构清晰，符合实习报告的文体要求。开篇点明实习目的，明确专业与实践相结合的诉求。主体部分详述实习单位、实习内容及过程，涵盖教学、管理和家园沟通，条理分明。在语言表达上，本文简洁明了，通过具体事例展现实习经历，真实可信。结尾全面总结实习成果与反思，为未来职业发展提供方向，整体体现出学前教育专业实习报告的专业性与实用性。

知识拓展

实习报告撰写指南：全面提升报告质量

1. 实习报告的重要性

实习报告是实习阶段的总结性文档，不仅是大学生对实习经历的记录，更是对专业知识运用、实践能力提升及职业认知深化的综合体现。

微课视频

实习报告

2. 结构的灵活性与多样性

虽然实习报告通常包含标题、摘要、正文、结论、参考文献等基本部分，但各部分的详略和侧重点可根据实习内容和专业特点调整。例如，理工科专业的实习报告可能在正文中更强调实验过程和数据处理；文科专业的实习报告则侧重调研分析和观点阐述。

3. 写作技巧进阶

在语言表达上，除了做到准确、简洁，大学生还可运用图表、案例来增强实习报告的说服力。例如，在描述实习成果时，可用柱状图展示项目前后的数据变化，或列举具体的成功案例；同时，应注意段落之间的逻辑连贯性，使用过渡用语，使报告层次分明。

4. 学术规范与引用

严格遵守学术规范至关重要，大学生引用他人观点、数据、研究成果时，需按照特定的引用格式进行标注，避免抄袭。这不仅能体现报告的严谨性，还能为读者提供追溯资料的线索。

5. 报告的创新性与深度

优秀的实习报告不应局限于简单的工作描述，而要展现独特的思考和见解。大学生可以从行业发展趋势、实习单位的优势与不足、自身实习的独特收获等角度深度挖掘内容，提出创新性的建议或解决方案。

6. 反馈与修改

完成初稿后，大学生要主动寻求指导教师、实习导师或同学的反馈。他们可能从不同视角发现问题，如内容的完整性、逻辑的严密性、语言的准确性等。根据反馈意见进行修改，能大幅提升报告质量。

作 业

1. 对学校而言，实习报告的主要作用是（　　）。

A. 辅助判断实习生是否适合岗位　　B. 评估教学效果和学生的实践能力

C. 作为学生自我反思与成长的工具　　D. 展示学生的实习成果

2. 理工科专业实习报告的正文更侧重（　　）。

A. 调研分析　　B. 观点阐述

C. 实验过程和数据处理　　D. 案例列举

3. 写作实习报告时，增强说服力的有效方式是（　　）。

A. 使用复杂句式　　B. 运用图表、案例

C. 堆砌专业术语　　D. 增加段落篇幅

4. 引用他人成果时要避免抄袭，应（　　）。

A. 随意标注　　B. 按特定引用格式标注

C. 不标注　　D. 按个人喜好标注

5. 完成实习报告初稿后，提升质量的关键做法是（　　）。

A. 直接提交　　B. 自己简单修改

C. 主动寻求他人反馈并多次修改　　D. 等待他人修改

任务二 毕业论文

学习情境

小秀是教育学专业的一名大学生，她还有一年就毕业了。学校要求大家准备毕业论文选题，开始撰写毕业论文。你能帮助她拟写一个毕业论文计划，指导她进行毕业论文写作吗？

【情境学习任务】毕业论文是大学生综合运用所学知识进行研究和写作的重要成果，是对专业知识和研究能力的全面检验。大学生通过学习毕业论文撰写，深入探究毕业论文的结构、写作要求和学术规范，能够提升撰写毕业论文的能力，为顺利完成学业和未来的学术研究或工作打下坚实基础。

知识点

一、毕业论文的概念和特点

（一）毕业论文的概念

毕业论文是高等院校毕业生在毕业前提交的一篇具有一定学术价值的文章。它是大学

生在导师指导下，对所学专业领域的某一问题进行深入研究和探讨的成果展示，旨在检验大学生对专业知识的掌握程度、研究能力和写作水平。

（二）毕业论文的特点

1. 学术性

毕业论文要求大学生运用专业知识和学术研究方法，对研究问题进行深入分析和论证，体现一定的学术深度和理论价值。

2. 科学性

研究过程和结果必须符合科学规范，数据真实可靠，论证严谨合理。从研究方法的选择到数据的收集、分析，再到结论的推导，都要遵循科学性原则。

3. 创新性

在研究内容或研究方法上要有一定的创新之处，既可以是提出新的观点、发现新的问题，也可以对已有问题提出新的解决方法等。

4. 规范性

毕业论文具有严格的格式规范，同时在语言表达上也要符合学术规范。

二、毕业论文的结构和写作要求

（一）毕业论文的结构

毕业论文一般由标题、摘要、关键词、目录、引言、正文、结论、致谢、参考文献等部分组成。

1. 标题

标题部分应简洁明了地概括毕业论文的核心内容，既能准确反映研究主题，又能吸引读者的注意。

2. 摘要

摘要是对毕业论文内容的简短而全面的概括，具体字数要求根据学校或专业规定，包含研究目的、研究方法、主要成果和结论等关键信息，使读者能快速了解论文的核心要点。

3. 关键词

从毕业论文中选取 3～5 个能够准确反映论文主题和核心内容的词汇或短语（即关键词），便于文献检索和分类。

4. 目录

目录列出毕业论文各章节的标题和对应的页码，使读者能清晰地了解毕业论文的结构和内容编排。

5. 引言

引言部分阐述研究背景、研究目的、研究意义及研究问题；介绍相关领域的研究现状，指出已有研究的不足，说明本研究的必要性和创新性。

6. 正文

正文是毕业论文的核心部分，应根据研究内容分章节进行论述；运用合理的研究方法进行分析、论证，展示研究过程和研究成果；内容要丰富，逻辑要严谨，章节之间的过渡要自然。

7. 结论

结论部分总结毕业论文的主要研究成果，回答引言中提出的研究问题；对研究结果进行概括和提炼，强调研究的重要性和贡献，也可对未来研究方向提出展望。

8. 致谢

对在毕业论文写作过程中给予帮助的导师、同学、家人等表示感谢，语言要真诚、简洁。

9. 参考文献

列出在毕业论文写作过程中引用的参考文献，包括书籍、期刊、网页等。参考文献的著录格式要符合学术规范。不同类型的文献有相应的著录格式要求。

（二）毕业论文的写作要求

1. 选题恰当

毕业论文的选题要符合专业要求，具有一定的研究价值和可行性，既不能过于宽泛难以深入研究，也不能过于狭窄缺乏研究意义，可以结合专业热点问题、实际应用需求或个人兴趣确定选题。

2. 研究深入

毕业论文要运用科学的研究方法，广泛收集和分析资料，对研究问题进行深入探讨。在研究过程中，大学生要注重数据的真实性和可靠性，论证过程要严谨，逻辑要严密。

3. 格式规范

毕业论文要严格按照学校或专业规定的格式进行排版，包括字体、字号、行距、页边距等。各部分内容的顺序和格式都要符合要求，以确保毕业论文整体的规范性和美观性。

4. 语言准确

毕业论文要使用专业、准确、规范的学术语言进行写作，避免使用口语化、随意性的表达。大学生在阐述观点、引用文献和数据时，要确保语言表达清晰、准确，避免产生歧义。

5. 原创性高

毕业论文必须是大学生自己独立完成的研究成果，严禁抄袭和剽窃。大学生在引用他人观点、数据和研究成果时，要按照学术规范进行引用和标注，注明出处。

三、例文分析

【例文 7.2】

基于游戏化教学的小学数学课堂设计与实践研究（有删减）

一、摘要

本文以游戏化教学理论为基础，设计并实践了一种适用于小学数学课堂的游戏化教学模式。通过将游戏元素融入数学教学，激发学生的学习兴趣和主动性，提升课堂参与度和学习效果。研究采用行动研究法，结合课堂观察和学生反馈，验证了游戏化教学在小学数学课堂中的有效性，为小学教育实践提供了新的思路和方法。

二、关键词

游戏化教学；小学数学；课堂设计；学习兴趣；教学实践

三、目录

（略）

四、引言

（一）研究背景

传统小学数学课堂存在学生兴趣不足、参与度低等问题。游戏化教学作为一种新兴的教学方式，能够有效激发学生的学习动机。

（二）研究意义

通过游戏化教学的设计与实践，探索提升小学数学课堂教学效果的新途径，为小学教育改革提供实践参考。

（三）研究目标

设计一种适用于小学数学课堂的游戏化教学模式，并验证其有效性。

五、文献综述

（略）

六、游戏化教学模式设计

设计原则：以学生为中心，注重趣味性与知识性的结合。

游戏元素的选择与应用：将积分、关卡、奖励等游戏元素融入教学设计。

教学流程设计：设计“导入—游戏任务—知识讲解—总结反馈”的教学流程。

七、教学实践与实施

实践对象与情境：选择某小学三年级学生作为实践对象，开展为期一个月的教学实验。

教学实施过程：详细描述课堂教学的实施步骤和游戏化教学的具体应用。

数据收集与分析方法：通过课堂观察、学生问卷和成绩测试等方式收集数据，采用定量与定性相结合的方法进行分析。

八、结果与讨论

学生学习兴趣的变化：通过问卷和访谈分析学生对数学学习兴趣的提升。

课堂参与度的提升：结合课堂观察记录，分析学生参与课堂活动的积极性。

学习成绩的分析：对比实验前后学生的数学成绩，验证游戏化教学的效果。

九、结论与建议

结论：游戏化教学能够有效提升小学数学课堂的学习兴趣和参与度，对学习成绩有积极影响。

建议：在小学教育中推广游戏化教学，并指出未来研究方向，如长期效果评估、不同学科的应用等。

十、致谢

感谢导师的指导及参与实验的学校和学生的支持。

十一、参考文献

【简析】这是一篇以“基于游戏化教学的小学数学课堂设计与实践研究”为主题的毕业论文大纲，结构完整、逻辑清晰，内容翔实且聚焦实践。大纲从引言到参考文献，层次分明、重点突出，体现了写作者科学的研究方法和严谨的学术态度。通过课堂观察、学生问卷和成绩测试，论文验证了游戏化教学在提升学生学习兴趣和课堂参与度方面的有效性。本文语言简洁规范，专业术语使用恰当。

知识拓展

参考文献是学术论文的重要组成部分，其撰写格式因文献类型和引用风格的不同而有所差异。

1. 书籍

主要责任者．题名：其他题名信息［文献类型标识/文献载体标识］．其他责任者．版本项．出版地：出版者，出版年：引文页码［引用日期］．获取和访问路径．数字对象唯一标识符．

示例：

［1］陈登原．国史旧闻：第 1 卷［M］．北京：中华书局，2000：29.

［2］哈里森，沃尔德伦．经济数学与金融数学［M］．谢远涛，译．北京：中国人民大学出版社，2012：235－236.

2. 期刊

主要责任者．文献题名［文献类型标识/文献载体标识］．连续出版物题名：其他题名信息，年，卷（期）：页码［引用日期］．获取和访问路径．数字对象唯一识符.

示例：

袁训来，陈哲，肖书海，等．蓝田生物群：一个认识多细胞生物起源和早期演化的新窗口［J］．科学通报，2012，55（34）：3219.

3. 网络资源

主要责任者．题名：其他题名信息［文献类型标识/文献载体标识］．出版地：出版者，出版年：引文页码（更新或修改日期）［引用日期］．获取和访问路径．数字对象唯一标识符．

示例：

［1］中国互联网络信息中心．第 29 次中国互联网络发展现状统计报告［R/OL］．(2012－01－16)［2013－03－26］．http://www.cnnic.net.cn/hlwfzyj/hlwxzbg/201201/P020120709345264469680.pdf.

［2］北京市人民政府办公厅．关于转发北京市企业投资项目核准暂行实施办法的通知：京政办发［2005］37 号［A/OL］．(2005－07－12)［2011－07－12］．http://china.findlaw.cn/fagui/p_1/39934.html.

作 业

1. 以你所学专业相关内容为主题，确定一个毕业论文选题，并围绕该选题撰写一份开题报告。开题报告应包含选题背景、研究目的、研究方法、预期成果等内容，字数不少于 1 000 字。

2. 选择一个你感兴趣的社会热点问题，运用所学专业知识进行初步研究，撰写一篇简单的研究论文。论文需包含标题、摘要、关键词、正文、结论等基本要素，字数不少于 2 000 字，注意遵循学术规范和写作要求。

任务三 毕业设计

学习情境

小国是服装设计专业的一名学生，即将进行毕业设计，这是他的毕业设计的部分内容，请你帮他看看是否合理。

衣福毕业设计理念

本系列五套礼服的细节设计也很好地诠释了这种追求。色彩、面料、款式、图案无一不在散发着浓郁的中国气息。五套礼服将一种颜色作为主色调，搭配用亚克力钻组成的几何图案和“福”字作为局部装饰与点缀。紧与松的设计夺人眼球，强调女性的优美曲线，使整体造型看起来收放有度，优雅中略带性感，力求体现现代女性的从容有致。

【情境学习任务】小国的毕业设计理念讲述了五套礼服设计的风格特点，介绍得比较详细，如果附上配图会更加完善。毕业设计除了理论，还需要增加设计背景和意义、设计目标、设计过程及总结等内容。通过毕业设计，大学生可以综合应用所学的各种理论知识和技能，进行全面、系统、严格的技术及基本能力的训练。

知识点

一、毕业设计的概念和特点

（一）毕业设计的概念

毕业设计，又称毕业设计报告或毕业设计说明书，是大学生毕业时针对某一专业方向或具体课题，综合运用已学理论知识和基本技能表述自己的设计成果、创新见解等情况的论文。

（二）毕业设计的特点

1. 综合性

毕业设计涉及多门专业课程知识，需要大学生将所学的理论知识与实践技能相结合，解决实际问题。例如，在建筑设计专业的毕业设计中，包含建筑力学、建筑美学、建筑材料等知识。

2. 创新性

大学生要在毕业设计中展现创新思维，提出独特的设计理念、方法或解决方案，推动专业领域的发展，如在功能、外观、技术应用等方面有所创新。

3. 规范性

毕业设计有严格的规范和要求。从设计意图到最终成果展示，大学生都要遵循学校和专业的相关书写规定。

二、毕业设计的结构和写作要求

（一）毕业设计的结构

毕业设计一般由项目名称、专业、设计背景与意义、设计目标、设计方案、设计过程、设计成果、总结与展望等部分组成。

1. 项目名称

项目名称应简洁准确地概括设计的核心内容，突出设计的主题和特点，如“基于虚拟现实技术的室内装修设计”。

2. 专业

明确毕业设计所属的专业领域，表明毕业设计与专业知识的关联性。

3. 设计背景与意义

设计背景与意义部分要阐述设计项目产生的背景，包括社会需求、行业现状等；说明设计的意义和价值，如解决了什么实际问题、对行业发展有何推动作用等。

4. 设计目标

设计目标部分要清晰、具体地列出设计要达到的目标，可分为功能目标、性能目标等。设计目标要具有可衡量性和可实现性，为设计工作提供明确的方向。

5. 设计方案

设计方案部分要详细介绍实现设计目标的具体方案，包括硬件设计、软件设计、工艺流程设计等内容；说明所选用的技术、材料、方法等，并对方案的可行性和优势进行分析。

6. 设计过程

设计过程要按照设计的实际顺序展开，描述从项目启动到最终完成的各个阶段，包括需求调研、方案论证、设计制作、调试优化等过程，展示设计的实施步骤和关键环节。

7. 设计成果

设计成果部分要展示最终完成的设计成果，如实物样机、设计图纸、软件程序、设计报告等；对设计成果的功能、特点进行详细介绍，体现设计目标的达成情况。

8. 总结与展望

总结与展望要总结设计过程中的经验教训，分析设计成果的优点和不足；对未来设计的改进方向、拓展应用等进行展望，提出进一步研究和发展的思路。

（二）毕业设计的写作要求

1. 选题合理

选题要与专业紧密结合，具有一定的现实意义和研究价值。选题既要有挑战性，又要在大学生的能力范围内，确保大学生能够在规定时间内完成设计任务。

2. 内容完整

毕业设计各个必要部分要内容翔实、条理清晰；各部分要相互关联，形成一个完整的体系。

3. 技术可行

毕业设计所采用的技术和方法要切实可行，具备实施的条件。在设计过程中，大学生要充分考虑实际情况，确保毕业设计能够顺利实现。

4. 报告规范

毕业设计的撰写要符合学校和专业的格式要求，包括字体、字号、排版、图表制作等；语言表达要准确、规范、简洁，避免使用模糊的表述。

5. 注重创新

在毕业设计的过程中，大学生应发挥创新思维，尝试新的方法、技术或理念。创新点要在设计成果中得到体现，并在报告中进行阐述和分析。

三、例文分析

【例文7.3】

基于可持续时尚理念的环保服装设计（有删减）

一、专业

服装设计与工程

二、设计背景与意义

随着全球环境问题的日益严重，时尚产业作为资源消耗和污染排放的重要行业，亟须向可持续发展转型。近年来，可持续时尚理念逐渐兴起，它强调环保材料的使用、生产过程的低碳化及服装的循环利用。本设计以可持续时尚理念为核心，探索环保材料与创新设计在服装中的应用，旨在减少时尚产业对环境的负面影响，同时满足消费者对个性化、环保服装的需求。本设计不仅为服装行业的可持续发展提供了实践案例，也为环保材料的推广和应用提供了新思路。

三、设计目标

（一）功能目标

设计并制作一系列环保服装，涵盖日常服装和特定服装。

（二）环保目标

使用可降解、可回收的环保材料，减少服装生产过程中的碳排放。

（三）美学目标

在环保的基础上，注重服装的美学设计，体现时尚与环保的融合。

（四）市场目标

通过设计展示和用户反馈，验证环保服装的市场接受度。

四、设计方案

（一）材料选择

采用有机棉、再生聚酯纤维、天然染料等环保材料，确保服装的可降解性和低碳排放。

（二）设计风格

以简约、实用为主，结合自然元素（如植物纹理、大地色系）体现环保主题。

（三）工艺设计

采用零浪费裁剪技术，减少面料浪费；使用手工缝制和天然染料染色，降低化学污染。

（四）创新点

设计可拆卸、多功能的服装部件，延长服装使用寿命；引入模块化设计理念，支持用户根据需求自由搭配。

五、设计过程

（一）需求调研

通过市场调研和用户访谈，了解用户对环保服装的认知和需求。

（二）方案论证

对比多种环保材料和设计风格，确定最终设计方案。

（三）设计制作

1. 绘制设计草图，确定服装款式和细节。

2. 制作样衣，进行试穿和调整。

3. 使用环保材料完成最终服装制作。

（四）测试与优化

邀请目标用户试穿服装，收集反馈并优化设计。

六、设计成果

（一）实物样衣

完成 5 套环保服装，包括日常休闲装、商务正装和晚礼服。

（二）设计图纸

提供服装设计草图、结构图和工艺图。

（三）展示效果

通过时装秀和展览展示设计成果，获得广泛好评。

（四）设计报告

详细记录设计过程、材料选择、工艺实现和用户反馈。

七、总结与展望

（一）总结

本设计成功地将可持续时尚理念融入服装设计，实现了环保与美学的结合。通过使用环保材料和创新工艺，减少了服装生产对环境的负面影响。用户反馈表明，环保服装在市场上具有较高的接受度。

（二）展望

未来可进一步探索更多环保材料的应用，如海藻纤维、蘑菇皮革等；结合智能穿戴技术，开发兼具环保和功能性的服装；推动环保服装的规模化生产，促进时尚产业的可持续发展。

【简析】这是一份结构清晰、内容翔实的毕业设计例文，以“基于可持续时尚理念的环保服装设计”为主题，严格按照标准结构撰写，层次分明、逻辑严谨。例文内容全面且重点突出，语言简洁规范，专业术语使用恰当。通过结合环保理念与创新设计，例文不仅体现了设计的实用性和创新性，还为大学生的毕业设计提供了高质量的参考范例，具有较高的教学和实践价值。

知识拓展

毕业设计和毕业论文的区别

毕业设计和毕业论文是高校毕业考核的两种主要形式，但二者在性质、内容和呈现方式上有明显区别。毕业设计通常以实践为导向，强调通过设计、制作或开发解决实际问题，常见于工科、艺术类等专业，最终成果多为实物、模型、软件或设计方案。而毕业论文则以理论研究为主，侧重于通过文献分析、实验研究或数据论证等方式探讨学术问题，最终成果为学术论文。毕业设计注重实践能力和创新性；毕业论文则强调理论深度和学术规范性。二者的形式虽不同，但都能对大学生综合能力进行全面检验。

作　业

结合你所学专业，选择一个实际项目作为毕业设计选题，制订一份毕业设计计划。计划应结构完整、内容全面，不少于1 000字。

参考文献

[1] 甘敏君，贾雨潇．应用文写作教程［M］．2版．北京：高等教育出版社，2014.

[2] 杨迪，濮玲，郑春明．应用文写作教程［M］．秦皇岛：燕山大学出版社，2022.

[3] 强金国，梁抒曦．新编应用文写作教程［M］．武汉：华中科技大学出版社，2021.

[4] 王荣珍，张雪，周杰．大学生常用应用文写作教程［M］．成都：西南交通大学出版社，2021.

[5] 岳五九．新时代应用文写作教程［M］．武汉：华中科技大学出版社，2022.

[6] 倪斯雯．新编应用文写作教程［M］．天津：南开大学出版社，2016.

[7] 徐书奇．应用文写作教程［M］．上海：同济大学出版社，2012.

[8] 王燕．应用文写作项目化教程［M］．2版．北京：中国人民大学出版社，2017.

附录

党政机关公文处理工作条例

第一章　总　　则

第一条　为了适应中国共产党机关和国家行政机关（以下简称党政机关）工作需要，推进党政机关公文处理工作科学化、制度化、规范化，制定本条例。

第二条　本条例适用于各级党政机关公文处理工作。

第三条　党政机关公文是党政机关实施领导、履行职能、处理公务的具有特定效力和规范体式的文书，是传达贯彻党和国家的方针政策，公布法规和规章，指导、布置和商洽工作，请示和答复问题，报告、通报和交流情况等的重要工具。

第四条　公文处理工作是指公文拟制、办理、管理等一系列相互关联、衔接有序的工作。

第五条　公文处理工作应当坚持实事求是、准确规范、精简高效、安全保密的原则。

第六条　各级党政机关应当高度重视公文处理工作，加强组织领导，强化队伍建设，设立文秘部门或者由专人负责公文处理工作。

第七条　各级党政机关办公厅（室）主管本机关的公文处理工作，并对下级机关的公文处理工作进行业务指导和督促检查。

第二章　公文种类

第八条　公文种类主要有：

（一）决议。适用于会议讨论通过的重大决策事项。

（二）决定。适用于对重要事项作出决策和部署、奖惩有关单位和人员、变更或者撤销下级机关不适当的决定事项。

（三）命令（令）。适用于公布行政法规和规章、宣布施行重大强制性措施、批准授予和晋升衔级、嘉奖有关单位和人员。

（四）公报。适用于公布重要决定或者重大事项。

（五）公告。适用于向国内外宣布重要事项或者法定事项。

（六）通告。适用于在一定范围内公布应当遵守或者周知的事项。

（七）意见。适用于对重要问题提出见解和处理办法。

（八）通知。适用于发布、传达要求下级机关执行和有关单位周知或者执行的事项，批转、转发公文。

（九）通报。适用于表彰先进、批评错误、传达重要精神和告知重要情况。

（十）报告。适用于向上级机关汇报工作、反映情况，回复上级机关的询问。

（十一）请示。适用于向上级机关请求指示、批准。

（十二）批复。适用于答复下级机关请示事项。

（十三）议案。适用于各级人民政府按照法律程序向同级人民代表大会或者人民代表大会常务委员会提请审议事项。

（十四）函。适用于不相隶属机关之间商洽工作、询问和答复问题、请求批准和答复审批事项。

（十五）纪要。适用于记载会议主要情况和议定事项。

第三章　公文格式

第九条　公文一般由份号、密级和保密期限、紧急程度、发文机关标志、发文字号、签发人、标题、主送机关、正文、附件说明、发文机关署名、成文日期、印章、附注、附件、抄送机关、印发机关和印发日期、页码等组成。

（一）份号。公文印制份数的顺序号。涉密公文应当标注份号。

（二）密级和保密期限。公文的秘密等级和保密的期限。涉密公文应当根据涉密程度分别标注“绝密”“机密”“秘密”和保密期限。

（三）紧急程度。公文送达和办理的时限要求。根据紧急程度，紧急公文应当分别标注“特急”“加急”，电报应当分别标注“特提”“特急”“加急”“平急”。

（四）发文机关标志。由发文机关全称或者规范化简称加“文件”二字组成，也可以使用发文机关全称或者规范化简称。联合行文时，发文机关标志可以并用联合发文机关名称，也可以单独用主办机关名称。

（五）发文字号。由发文机关代字、年份、发文顺序号组成。联合行文时，使用主办机关的发文字号。

（六）签发人。上行文应当标注签发人姓名。

（七）标题。由发文机关名称、事由和文种组成。

（八）主送机关。公文的主要受理机关，应当使用机关全称、规范化简称或者同类型机关统称。

（九）正文。公文的主体，用来表述公文的内容。

（十）附件说明。公文附件的顺序号和名称。

（十一）发文机关署名。署发文机关全称或者规范化简称。

（十二）成文日期。署会议通过或者发文机关负责人签发的日期。联合行文时，署最后签发机关负责人签发的日期。

（十三）印章。公文中有发文机关署名的，应当加盖发文机关印章，并与署名机关相符。有特定发文机关标志的普发性公文和电报可以不加盖印章。

（十四）附注。公文印发传达范围等需要说明的事项。

（十五）附件。公文正文的说明、补充或者参考资料。

（十六）抄送机关。除主送机关外需要执行或者知晓公文内容的其他机关，应当使用机关全称、规范化简称或者同类型机关统称。

（十七）印发机关和印发日期。公文的送印机关和送印日期。

（十八）页码。公文页数顺序号。

第十条 公文的版式按照《党政机关公文格式》国家标准执行。

第十一条 公文使用的汉字、数字、外文字符、计量单位和标点符号等，按照有关国家标准和规定执行。民族自治地方的公文，可以并用汉字和当地通用的少数民族文字。

第十二条 公文用纸幅面采用国际标准 A4 型。特殊形式的公文用纸幅面，根据实际需要确定。

第四章 行文规则

第十三条 行文应当确有必要，讲求实效，注重针对性和可操作性。

第十四条 行文关系根据隶属关系和职权范围确定。一般不得越级行文，特殊情况需要越级行文的，应当同时抄送被越过的机关。

第十五条 向上级机关行文，应当遵循以下规则：

（一）原则上主送一个上级机关，根据需要同时抄送相关上级机关和同级机关，不抄送下级机关。

（二）党委、政府的部门向上级主管部门请示、报告重大事项，应当经本级党委、政府同意或者授权；属于部门职权范围内的事项应当直接报送上级主管部门。

（三）下级机关的请示事项，如需以本机关名义向上级机关请示，应当提出倾向性意见后上报，不得原文转报上级机关。

（四）请示应当一文一事。不得在报告等非请示性公文中夹带请示事项。

（五）除上级机关负责人直接交办事项外，不得以本机关名义向上级机关负责人报送公文，不得以本机关负责人名义向上级机关报送公文。

（六）受双重领导的机关向一个上级机关行文，必要时抄送另一个上级机关。

第十六条 向下级机关行文，应当遵循以下规则：

（一）主送受理机关，根据需要抄送相关机关。重要行文应当同时抄送发文机关的直接上级机关。

（二）党委、政府的办公厅（室）根据本级党委、政府授权，可以向下级党委、政府行文，其他部门和单位不得向下级党委、政府发布指令性公文或者在公文中向下级党委、政府提出指令性要求。需经政府审批的具体事项，经政府同意后可以由政府职能部门行文，文中须注明已经政府同意。

（三）党委、政府的部门在各自职权范围内可以向下级党委、政府的相关部门行文。

（四）涉及多个部门职权范围内的事务，部门之间未协商一致的，不得向下行文；擅自行文的，上级机关应当责令其纠正或者撤销。

（五）上级机关向受双重领导的下级机关行文，必要时抄送该下级机关的另一个上级机关。

第十七条 同级党政机关、党政机关与其他同级机关必要时可以联合行文。属于党委、政府各自职权范围内的工作，不得联合行文。

党委、政府的部门依据职权可以相互行文。

部门内设机构除办公厅（室）外不得对外正式行文。

第五章 公文拟制

第十八条 公文拟制包括公文的起草、审核、签发等程序。

第十九条 公文起草应当做到：

（一）符合党的理论路线方针政策和国家法律法规，完整准确体现发文机关意图，并同现行有关公文相衔接。

（二）一切从实际出发，分析问题实事求是，所提政策措施和办法切实可行。

（三）内容简洁，主题突出，观点鲜明，结构严谨，表述准确，文字精练。

（四）文种正确，格式规范。

（五）深入调查研究，充分进行论证，广泛听取意见。

（六）公文涉及其他地区或者部门职权范围内的事项，起草单位必须征求相关地区或者部门意见，力求达成一致。

（七）机关负责人应当主持、指导重要公文起草工作。

第二十条 公文文稿签发前，应当由发文机关办公厅（室）进行审核。审核的重点是：

（一）行文理由是否充分，行文依据是否准确。

（二）内容是否符合党的理论路线方针政策和国家法律法规；是否完整准确体现发文机关意图；是否同现行有关公文相衔接；所提政策措施和办法是否切实可行。

（三）涉及有关地区或者部门职权范围内的事项是否经过充分协商并达成一致意见。

（四）文种是否正确，格式是否规范；人名、地名、时间、数字、段落顺序、引文等是否准确；文字、数字、计量单位和标点符号等用法是否规范。

（五）其他内容是否符合公文起草的有关要求。

需要发文机关审议的重要公文文稿，审议前由发文机关办公厅（室）进行初核。

第二十一条 经审核不宜发文的公文文稿，应当退回起草单位并说明理由；符合发文条件但内容需作进一步研究和修改的，由起草单位修改后重新报送。

第二十二条 公文应当经本机关负责人审批签发。重要公文和上行文由机关主要负责人签发。党委、政府的办公厅（室）根据党委、政府授权制发的公文，由受权机关主要负责人签发或者按照有关规定签发。签发人签发公文，应当签署意见、姓名和完整日期；圈阅或者签名的，视为同意。联合发文由所有联署机关的负责人会签。

第六章 公文办理

第二十三条 公文办理包括收文办理、发文办理和整理归档。

第二十四条 收文办理主要程序是：

（一）签收。对收到的公文应当逐件清点，核对无误后签字或者盖章，并注明签收时间。

（二）登记。对公文的主要信息和办理情况应当详细记载。

（三）初审。对收到的公文应当进行初审。初审的重点是：是否应当由本机关办理，是否符合行文规则，文种、格式是否符合要求，涉及其他地区或者部门职权范围内的事项是否已经协商、会签，是否符合公文起草的其他要求。经初审不符合规定的公文，应当及时退回来文单位并说明理由。

（四）承办。阅知性公文应当根据公文内容、要求和工作需要确定范围后分送。批办性公文应当提出拟办意见报本机关负责人批示或者转有关部门办理；需要两个以上部门办理的，应当明确主办部门。紧急公文应当明确办理时限。承办部门对交办的公文应当及时办理，有明确办理时限要求的应当在规定时限内办理完毕。

（五）传阅。根据领导批示和工作需要将公文及时送传阅对象阅知或者批示。办理公文传阅应当随时掌握公文去向，不得漏传、误传、延误。

（六）催办。及时了解掌握公文的办理进展情况，督促承办部门按期办结。紧急公文或者重要公文应当由专人负责催办。

（七）答复。公文的办理结果应当及时答复来文单位，并根据需要告知相关单位。

第二十五条　发文办理主要程序是：

（一）复核。已经发文机关负责人签批的公文，印发前应当对公文的审批手续、内容、文种、格式等进行复核；需作实质性修改的，应当报原签批人复审。

（二）登记。对复核后的公文，应当确定发文字号、分送范围和印制份数并详细记载。

（三）印制。公文印制必须确保质量和时效。涉密公文应当在符合保密要求的场所印制。

（四）核发。公文印制完毕，应当对公文的文字、格式和印刷质量进行检查后分发。

第二十六条　涉密公文应当通过机要交通、邮政机要通信、城市机要文件交换站或者收发件机关机要收发人员进行传递，通过密码电报或者符合国家保密规定的计算机信息系统进行传输。

第二十七条　需要归档的公文及有关材料，应当根据有关档案法律法规以及机关档案管理规定，及时收集齐全、整理归档。两个以上机关联合办理的公文，原件由主办机关归档，相关机关保存复制件。机关负责人兼任其他机关职务的，在履行所兼职务过程中形成的公文，由其兼职机关归档。

第七章　公文管理

第二十八条　各级党政机关应当建立健全本机关公文管理制度，确保管理严格规范，充分发挥公文效用。

第二十九条　党政机关公文由文秘部门或者专人统一管理。设立党委（党组）的县级以上单位应当建立机要保密室和机要阅文室，并按照有关保密规定配备工作人员和必要的安全保密设施设备。

第三十条　公文确定密级前，应当按照拟定的密级先行采取保密措施。确定密级后，应当按照所定密级严格管理。绝密级公文应当由专人管理。

公文的密级需要变更或者解除的，由原确定密级的机关或者其上级机关决定。

第三十一条　公文的印发传达范围应当按照发文机关的要求执行；需要变更的，应当经发文机关批准。

涉密公文公开发布前应当履行解密程序。公开发布的时间、形式和渠道，由发文机关确定。

经批准公开发布的公文，同发文机关正式印发的公文具有同等效力。

第三十二条 复制、汇编机密级、秘密级公文，应当符合有关规定并经本机关负责人批准。绝密级公文一般不得复制、汇编，确有工作需要的，应当经发文机关或者其上级机关批准。复制、汇编的公文视同原件管理。

复制件应当加盖复制机关戳记。翻印件应当注明翻印的机关名称、日期。汇编本的密级按照编入公文的最高密级标注。

第三十三条 公文的撤销和废止，由发文机关、上级机关或者权力机关根据职权范围和有关法律法规决定。公文被撤销的，视为自始无效；公文被废止的，视为自废止之日起失效。

第三十四条 涉密公文应当按照发文机关的要求和有关规定进行清退或者销毁。

第三十五条 不具备归档和保存价值的公文，经批准后可以销毁。销毁涉密公文必须严格按照有关规定履行审批登记手续，确保不丢失、不漏销。个人不得私自销毁、留存涉密公文。

第三十六条 机关合并时，全部公文应当随之合并管理；机关撤销时，需要归档的公文经整理后按照有关规定移交档案管理部门。

工作人员离岗离职时，所在机关应当督促其将暂存、借用的公文按照有关规定移交、清退。

第三十七条 新设立的机关应当向本级党委、政府的办公厅（室）提出发文立户申请。经审查符合条件的，列为发文单位，机关合并或者撤销时，相应进行调整。

第八章 附　　则

第三十八条 党政机关公文含电子公文。电子公文处理工作的具体办法另行制定。

第三十九条 法规、规章方面的公文，依照有关规定处理。外事方面的公文，依照外事主管部门的有关规定处理。

第四十条 其他机关和单位的公文处理工作，可以参照本条例执行。

第四十一条 本条例由中共中央办公厅、国务院办公厅负责解释。

第四十二条 本条例自 2012 年 7 月 1 日起施行。1996 年 5 月 3 日中共中央办公厅发布的《中国共产党机关公文处理条例》和 2000 年 8 月 24 日国务院发布的《国家行政机关公文处理办法》停止执行。